U0002410

世茂出版有限公司
世潮出版有限公司
智富出版有限公司

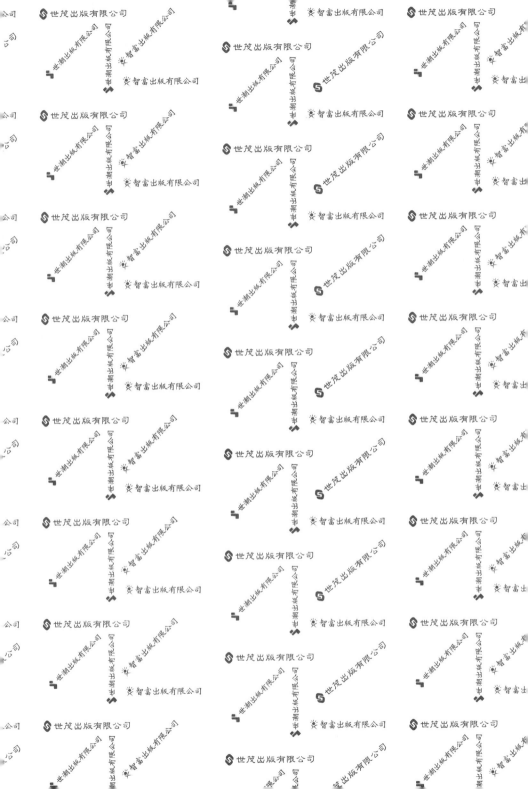

世茂出版有限公司
世潮出版有限公司
智富出版有限公司

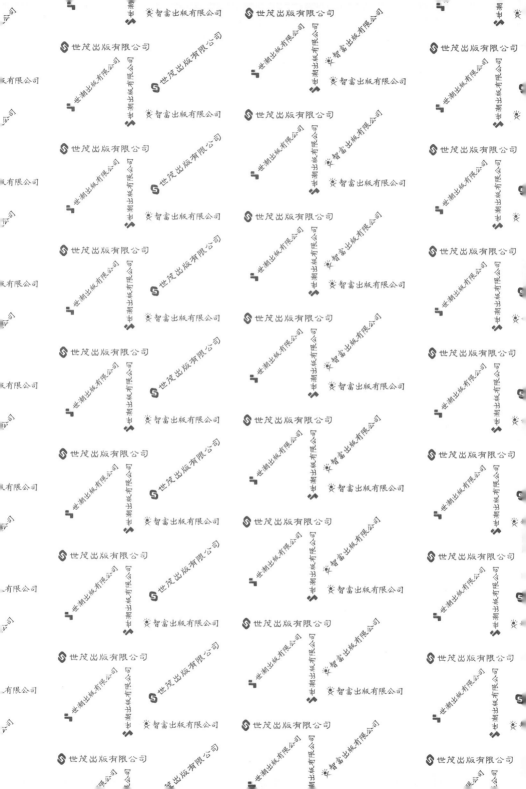

相貌心理學

突破識人盲點，
解決人際關係所有煩惱

人は顔を見れば99%わかる: フランス発・相貌心理学入門

佐藤布忠貴子 著
楊鈺儀 譯

前言

以臉為基礎，用科學的方法進行溝通以及打造人際關係，以讓自己的人生隨心所欲。

這就是我在本書中想說的事。以下統整了我接下來要說的重點。

- 臉上會表現出內心（性格與思考傾向等）的一切。
- 臉能提供一個人的本質資訊。
- 只要看臉，就能掌握住人的內心。
- 在自己臉上也會顯現出思考、行動、溝通的傾向。
- 只要基於對方與自己的性格、想法來進行溝通，人際關係就會圓融。

本書提出的溝通與自我實現想法，或許可以稱作前所未有，內容上頗具特色。或許會出現你從未見過、從未聽過的事。

臉會顯現出比你想像中還多的資訊，會表現出內心的一切。

這本書是以源自於法國的「相貌心理學」（Morpho psychologie）為基礎來論述。實際上，在法國，這門心理學也被應用至商業及教育現場。

應該有很多人都是第一次聽到「相貌心理學」吧，這並非指舉止或表情，而只是在分析臉本身。這個方法在日本雖鮮為人知，卻能用來理解對方以及自我，要說是身處未來時代的必要技能也不為過。

所有人都適用的學問

進入二十一世紀後，全球化逐漸加速。訪日的外國觀光客突破了三千萬人（訪臺觀光客約為一千萬人），全日本國內處處都充滿了來自國外的訪客。其中甚至還有熱情的外國人去到連日本人都不知道的地方。

在與這些外國人溝通時，相貌心理學也能幫上忙。

相貌心理學雖是發源於法國，卻是全世界都通用的學問。臉部分析不論是法國人、日本人還是其他國家・地域的人都能通用。正因為是世界通用，所以能有助於與地球上所有人溝通。

先不論好壞，日本人此前很長一段時間都在進行以「阿吽」呼吸法*為主的溝通。不論是在辦公室、學校還是家庭，我們都不會爭論不休地試圖溝通意見，而是想著「就算不說，對方應該也會知道吧」，一邊觀察彼此的態度，一邊進行溝通。換句話來說，就是「揣度」。

若直接了當的相互傳達彼此的想法，就容易擴大爭吵或爭論，所以「阿吽」呼吸就被視為能取得圓融人際關係的智慧珍寶。這雖是個極其類比的手法，但至今日本仍留有這樣的傾向。

我們希望以不讓事態惡化、圓滿結束為大前提。實際上，具信賴關係的同伴之間，不會生出多餘的壓力，可以說是「那樣就很好」的溝通。

註：阿吽呼吸，指不用多說話，默契十足，心有靈犀之意。

用「阿吽」呼吸無法溝通

現在是全球化正在進展的時代，日本人會進出海外，相對的，也有各國・各地方的人來到日本，這股潮流是止不住的。

不論外國人對日本以及日本人多有好感，都無法通用「阿吽」呼吸。話雖如此，也與以英語為首，「只要學會外語就好」不一樣。只要學得日文以外的不同語言，就能和更多人對話，但要說想溝通、能理解彼此的意思，又有些另當別論。

語言、文化與價值觀都不一樣，卻必須與第一次見面的人溝通——。這種事是此後所有人都有可能碰到、無法避免的。

我在法國度過了十一個年頭，老實說，確實感受到了單用語言能力也填補不起來的價值觀差異。對於文化背景與生活模式完全不一樣的異文化溝通，單用語言就想在短時間內培養出心靈上的連結是有難度的。

比履歷表更正確的資訊

「臉就是履歷表」。

大家應該經常會聽到這說法，就相貌心理學的觀點來說，我大為贊同這觀點。臉會改變。一年前與現在不可能完全相同。

先不論年紀增長的緣故，一個人受到所處環境的影響，也會使得器官、部位發生細微的變化。內心的變化一定會表現在臉上的某個部位。

若眼角比以前更為下垂了，就能判斷「這人變得能聽人說話了」；若從正面可以看到耳朵，就確定可以看成是「這個人的獨立心很旺盛」。

臉部變化所表現出來的就是一個人內心的成長或倒退。因為會改變，所以臉才能是履歷表。

履歷表多少會有些誇飾，但臉卻完全無法作假。臉會反映出本人的內心，無法造假，所以再沒有比臉能更正確告訴我們一個人本質的資訊。

不論於公於私，在你的人生中，發源於法國的相貌心理學應該都會發揮大作用。

臉是溝通的基本。

臉是人際關係的主軸。

臉是自我實現的指標。

要說沒有活用表現在臉上的資訊，結果將會有天差地別也不為過。閱讀本書並實踐了內容的人，想必都會為那效果大感吃驚。

那麼，就讓我們趕快開始吧！

目錄

第一章

只看臉，就能知道一切

天生的臉不會決定人生

看著對方的臉進行溝通或掌握對方——。

這麼一說，應該很多人會認為「結果還是美女跟帥哥比較吃香吧？」關於這點，我要給出否定答案。

明明在說同一件事，若對方是美女或帥哥就OK或說好……。像這樣容貌姣好的人比較吃香的事，在這世上不能說絕對「沒有」。

若是天生的好容貌，應該也有不少好處。

即便如此，也不一定就能說這些人的人生就是一帆風順，或是獲得大成功，或是過著幸福的生活。他們也有無法對人說的辛苦或煩惱。

好好正視現實，即便不是美女或帥哥，也有很多人在商場上大獲成功，或是過著幸福洋溢的生活。可以說，那樣的人還比較多。

在商場上成功或是過著幸福的人生，跟臉的美醜、端不端正完全沒有一點關係。

像是出現在《The Bachelor Japan》（真人秀約會節目）這個節目中的有錢帥哥，在富裕階層中也是非常少數。

並非因為是美女或帥哥才成為有錢人，或是在商場上獲取成功，而是在有錢人、於商場上獲得成功的人之中剛好有美女跟帥哥而已。

「因為是天生的，所以無法變臉……」

我想有非常多人都是這麼認為的。不論你喜不喜歡，臉經常都會改變。十年前的臉與現今的臉並不一樣。

年輕時是美女或帥哥的人，昔日的風采會因為年齡增長而完全消失，如變成了另一個人般，這樣的事所見多有。相對的，年輕時不出色的人，也有人會隨著年齡的增長而變成很有品味、舉止高尚的紳士，或是姿態凜冽、美妙的婦女。

本書中，會有各式各樣關於臉的討論，但要重申，成功與幸福都與臉的美醜無關。不會說因為臉好看就成功或做事順利。

成功或幸福不會取決於天生的臉——。書中只會強調這件事。

臉上會表現出一個人所有的資訊

以下來談談我們的臉。

臉幾乎會完全呈現出一個人所擁有的資訊，我們可以從臉部讀取到的資訊如下：

- 體力
- 溝通的欲求
- 實行力
- 想像力
- 共鳴力
- 思考速度
- 對環境以及他人的寬容性及適應性
- 傳達情感與想法的能力
- 感受性

・自控力
・雄心壯志或獨立心
・熱情

所有人的臉都會明確顯示出這些資訊，不論是你的臉還是我的臉都一樣。

理解並活用這些表現在臉上的資訊，溝通與人際交往就會順利，又或是能努力實現自我，這些才是本書的目的。

臉是溝通的基本

為什麼是臉呢？

因為臉是會敏銳反映出人類內心（情感）變化的鏡子。

例如若你覺得自己的左右臉似乎比以前更歪斜了，在相貌心理學中的分析是：那表示「過去與現在產生了某些差距」的心靈信號表現。

眼睛、鼻子、嘴巴等臉上的器官以及部位是露出在外面的。若沒用面罩遮住，都能清楚掌握是什麼樣的狀態。只要利用鏡子，就能清楚了解自己臉部的器官、部位狀態。因為都是顯露在外面的，所以透過臉，就能輕易掌握住一個人「現在」的狀態。

醫師在患者來看病時，首先是看臉。臉上集中有認知機能以及維持生命所不可欠缺的眼睛、鼻子、耳朵、嘴巴這些器官，而這些器官能讀取到患者的健康狀態。

除此之外，「開心」或是「不安」這類精神狀態等重要資訊也會明確顯現在臉上。從臉能得到的資訊比許多人所想的還要龐大。依據能從臉上讀取到哪些資訊，就能掌握住對方與自己現在的狀態。

順帶一提，與「臉」有關的慣用語有很多，例如：

看臉色
賣老臉
臉上有光
臉面廣
丟臉
羞得滿臉通紅

沒臉見人
露臉
臉上抹黑
無顏以對
汗顏之至
一臉若無其事
一臉茫然
一臉怒氣

這麼看下來就會發現，所有詞都是在描寫有關溝通、情緒•內心。進行溝通時，首先要看著對方的臉做出某些判斷或應對……。對日本人來說，這是非常一般的。

臉就是溝通的基本，是人際關係的要點。本來，光看臉是無法理解對方的。要怎樣來看臉呢？要從中讀取些什麼資訊、該怎麼活用呢？若是不知道這些，就無法進行良好的溝通，也無法構築起良好的人際關係。

而「相貌心理學」就網羅了這些知識。只要正確理解並實際活用「相貌心理學」，就能掌握住對方九十九％的資訊。也可以換句話說是「看透一個人」。

相貌心理學是什麼

相貌心理學是一九三七年由法國精神科醫師，同時也是臨床學者的路易斯・科曼（Louis Corman）所提出，以臉與精神（內心）、臉與個性的相互關係為研究對象的學問。主要是將臉當成客觀資訊來分析，判斷人性、個性、人格。

科曼的著作《相貌心理學序說》（*Faces & Characters: Manual of Morphopsychology*）在法國也是由最具權威的出版社「法國大學出版社」出版超過半世紀。在日本，大家一般都不知道，但在法國卻是心理學的一部分而廣為人知，會活用於教育以及商業等多方面。

由於相貌心理學者與企業間有守密義務的協定，所以無法在此詳細說出企業名稱，告訴大家各企業實際上是如何活用這些方法的，但這些方法有應用在與顧客間的溝通、培養人才，又或是進行適才適所的人才配置管理上。

在教育上，也會將相貌心理學的臉部分析應用在指導時尚、美容等形象學校的課程安排中。在一般家庭中也能使用，可以方便父母與孩子間取得良好的溝通。

在法國，於知名的報章雜誌上也曾有專題報導過，只要問路人是否知道相貌心理學，大家都會回答說：「喔，我知道唷！」這學問就是如此受歡迎。

在歐洲，相貌心理學也一點一滴拓展到了義大利與西班牙等鄰近法國的國家。

科曼除了論文，也將自己的學術研究成果發表為三十本書，這些就成了今日相貌心理學的理論基礎。科曼本身是臨床心理學者，所以提倡實證、案例分析，因此在提出自己的方法時，會不斷重複適用的多數分析・實證，提高了精準度。

直到現在，總共匯集了超過一億人的臉部分析資料，並持續系統化理論，就這層意義來說，簡直可說是「活的學問」。來自於相貌心理學教授的臉部分析精確度，能自豪地說：正確性九十九％。

在法國，這門學問很受歡迎，精神科醫師、心理諮商師、時尚相關人士等都會去取得相貌心理學者的資格。美容相關人士、美容師等與美有關的職業人士也多會去聽講受訓，這也是一大特徵。也有例子是，美容師學習了相貌心理學後，結合相貌心理學與美容，開創出了全新的領域。

順帶一提，相貌心理學的學者現今在全世界約有一千兩百人，其中全世界有十五名教授。在日本，很冒昧地說一句，就只有我。

了解相貌心理學的好處

學習相貌心理學有什麼好處呢？大致說來有兩個。

第一個是了解自己。

很多人還以為自己很理解自己，但其實意外地並不了解。尤其若每天都被工作追著跑、忙碌於生活，就會連去尋找「自己真正想做些什麼」或「適合做些什麼」的餘力都沒有。總之，為了努力從事眼前的事就很費盡心神了。

你費盡心力做的事真的是自己所渴求的嗎？自己想做什麼樣的事呢？又或者說，自己的才能在什麼樣的事情上才會發展出來呢？

期望在某領域能發展才能，就要將所擁有的能力發揮到最大極限。當然，只要選定範圍，確實努力，就能收穫成功，在真正意義上，也能滿足自我。

為獲得這分滿足感，就要掌握自己。而相貌心理學就能盡可能客觀地告訴我們這些資訊。

了解自己，人際關係、工作範圍、活動領域就會擴大，行動半徑也會擴大。保證於公於私都會過得充實，人生也會更加豐富。

第二個是了解他人。

到目前為止，你已經遇過了形形色色的人了吧，但你真的了解所有人嗎？擁有銳利看人眼光的人並不多，但只要學會相貌心理學，任誰都能培養出準確看人的眼光，並在溝通中寬容以對，溫柔對待他人。

若以自己固有的看法去看待對方，尤其以第一印象認定「這樣很討厭」，很多人經常在之後就會對別人有隔閡或築起心牆，而不去理解對方。這樣的負面情感一定也會傳染給對方。如此一來，對方也會認定「那個人感覺好像不太好相處」，結果只會給雙方帶來損失。

到目前為止，以自己過去所經歷過的經驗或價值觀來判斷他人，並以此下結論的人，也可以透過學習相貌心理學而改變看法，變成：「啊！那個人給人的第一印象似乎有些不好相處，但他也有優點。只要著眼在他的優點上，或許就能和我相處融洽」。

藉由活用對方特性來打造彼此的關係，人際關係也會變好。

要理解對方，活用對方的特性。這不僅是為了對方，也是為了自己好。

透過了解他人，就能無所猶豫地往前踏出一大步，較此前和更多人溝通。若能和新認識的人建立起關係，從中就能發展出更多的人際關係，行動半徑就會擴大。

了解自己，了解他人。若要大致舉出學習相貌心理學的好處，就是這兩點。

擁有看穿一個人的眼鏡

相貌心理學是能透過臉理解一個人本質的眼鏡。擁有這付眼鏡和沒有這付眼鏡的人在溝通、商場、戀愛、家庭關係中是天差地別的，這麼說可一點都不為過。

若擁有這付眼鏡，包含自己在內，就能從本質理解一個人，也能思考該怎麼做才能導出好結果。在溝通方式、人際關係的距離感、工作方式等各個面向上都能採取最合適的行動。

清楚理解對方的個性，以此為基礎來採取最合適的方法，只要這麼做，與任何人都能構築起良好的關係。

在人際關係中，若對方採取了意料之外的行動，不免會讓人生氣地想著：「真沒想到他是那種人！」但若擁有相貌心理學這付眼鏡，就不會這樣想。因為理解了對方的傾向，很多時候就能理解到：「他很常會說那種話呢」「他的確會做出這種行動呢」，就不會覺得失望或煩躁。反而能深刻理解對方的行動，像是：「這種臉形的人因為有這種特徵，所以會說出這些話」，對待他人就能溫柔包容。因為與對方構築起圓融良好的關係，自己的心情也會平穩下來。

臉不是天生不變的。人是社會性動物，會受到外部的刺激而形成臉。

只要多多接觸開心的事、有趣的刺激，就會形成滿溢幸福的臉龐。若接受負面的刺激較多，也會形成相應的臉。尤其是屬於感受性象徵的臉部肌肉的穠纖合度也會改變，所以給人的印象也一定會改變。

不論有沒有意識到，臉都會表現出一個人的全部。

自己的臉是怎麼樣的呢？同時別人又是怎麼看自己的臉呢？關於這點，自己必須要負起責任去理解。

在商場上活用相貌心理學

以下將說明在商場上能有效活用相貌心理學的事例。

首先是一對一的諮詢。

針對設定的目標，是否能做出確實的管理、適當的行動？是否能與工作人員或商場夥伴構築起恰當的人際關係？我們會一邊觀察委託人臉部的變化，一邊進行一對一的諮詢。在法國，也有行政部門希望向相貌心理學者進行一對一諮詢的事例。

又或者說是以心理諮商的方式，取代在企業中負責管理員工健康的醫師，以及醫療諮商師。

譬如A先生是新進員工，硬要說的話他有容易罹患心病的傾向，而這能從他表現在臉上的資訊中察覺出，並於事前做出對策以防範。

其他還有像是人才評鑑。在法國，已經活用在員工的適性及人才配置方面。

要在用人面試這類場合中看穿應試者本質究竟是何類型，對老經驗的面試官來說也很難，但只要了解相貌心理學，就能容易辦到。

例如有以下四人前來應徵。這次的徵才是要找「領導型」的人，而我們必須從以下A、B、C、D中選出一位適合的人才。

順帶一提，若你是面試官，你會選四人中的誰？各位可以先靠直覺來選，所以試著光看臉來選出一位領導型人吧。

哪張臉是領導型？

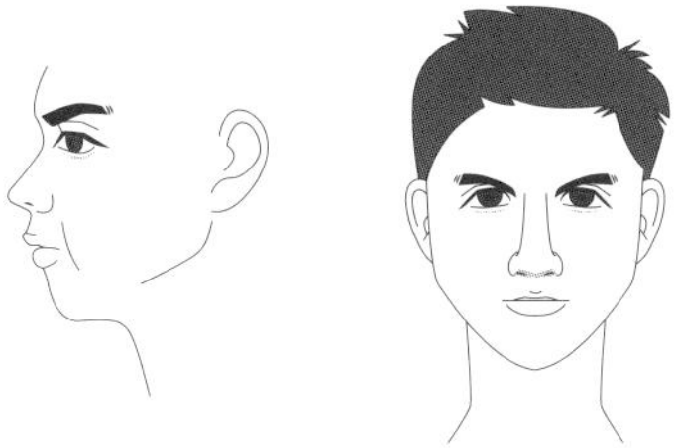

A

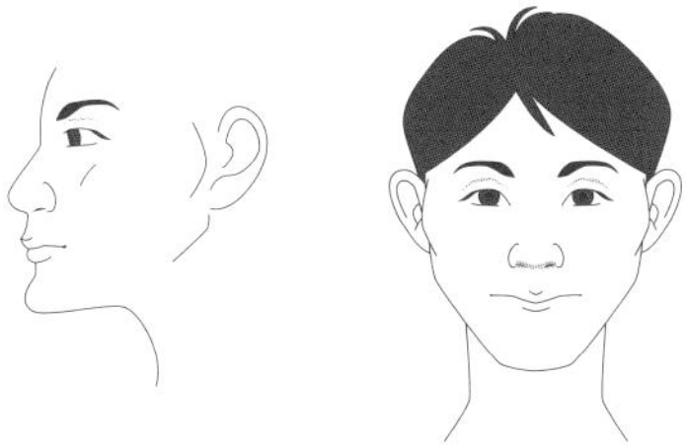

B

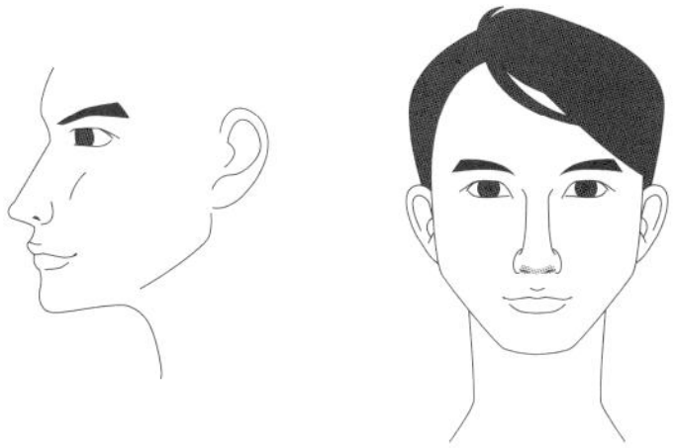

C

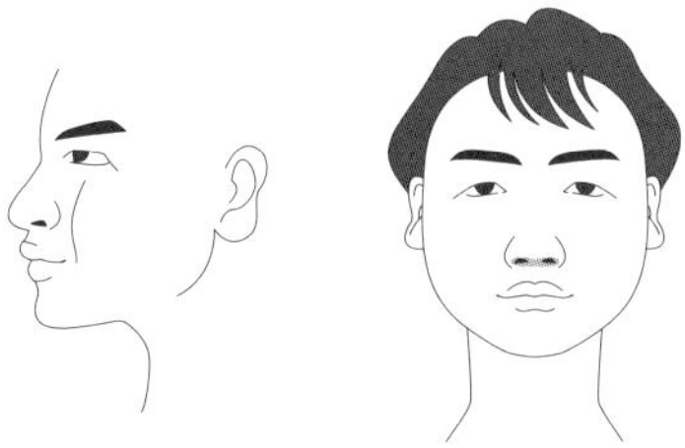

D

臉上肌肉有彈性，太陽穴筆直的人是領導型？

先說正確解答，領導型是C。除此之外，A是會老實照著做的忠實型，B是會把人推開出頭型，D是無名英雄型人。

為什麼能對這四人作出上述的判斷呢？因為透過相貌心理學讀取了他們表現在臉上的表情。以下將各自針對A、B、C、D進行分析。

A＝會忠實照著人吩咐去做的類型

因為A的臉上雖有肉卻沒彈性，眼角非常下垂，所以可以知道是會忠實照著吩咐去做的類型。

眼睛很大，從旁邊看來，好像很突出的模樣，所以也表示選擇上的欲求較少；嘴唇感覺有些張開，表示自制力薄弱；下巴偏尖，從旁邊看過去是凹下的，可以知道他沒有雄心壯志。

B＝把人推開冒出頭型

從側面看，B的額頭很斜，思考的速度跟判斷很快，但也代表欠缺為他人著想的心。

下巴過度突出，有實現雄心壯志的能力。從正面看去可以看到耳朵，表示獨立心很強。此外，顴骨高聳，是對社會性欲求、愛欲很強的類型。

C＝領導型

從側面看去，C的額頭部圓潤、眉上有凹凸，由此可得知，此人會將直覺建立成理論來思考。鼻梁的傾斜顯示出，他有能力將自己的想法大力傳達給他人。

成直線的太陽穴呈現出這類人有能力將想像、理想落實於理論性・現實性的思考；從肌肉有彈性這點也可看出該人有高昂的熱情；雙唇緊閉，所以可說有自制力。

D＝無名英雄型

可以從整體肌肉量的豐腴與適度的彈力、嘴唇肉的豐滿看出D在溝通上有很高的順應性、寬容性，以及擅長照顧對方。眼角下垂，表示能敞開大度量，仔細聆聽對方的話。從下巴厚實這點可以一窺此人有著雄心壯志，同時從側面看過去不會特別突出，所以能知道此人可以得當地自我控制。

預防用人失當

若明明想要領導型人才，卻採用了會忠實照著吩咐去做的A，或是屬於無名英雄的D，就是用人失當。用人方會失望於：「還以為他會幫忙做更得好……」而被採用的一方則會感受到壓力：「我明明不適合做這種事……」彼此都會陷入不幸。又或者是明明想要參謀型，卻採用了不惜踩著他人往上爬的B或領導型的C，也會出現相同的失當情況。

不論進行多少次面試，要看穿一個人的本質都很難，即便履歷表上寫著漂亮的實績，若該人無法在當下發揮他真正的能力，面試者也不會知道。

錄取用人時，就是會伴隨著這樣的風險。而相貌心理學就能有助減少這類風險。

一個人固有的資訊雖沒寫在履歷表上，卻會顯露在臉上。只要能對此做出分析，就有可能看出「這個人是領導（會忠實照著吩咐去做／不惜踩在人頭上也要出頭／無名英雄）型」。這樣一來，就能盡可能減少用人失當的情況。

明明是要徵業務部門的人才，卻錄用了擅長事務的人，這會造成彼此的不幸。擅長於社交和他人溝通的人是比較適合跑業務的，如果要錄取四人中的一個，應該要選D這類能站在對方立場考慮事情的人。

相反的，到處活動、擅長和周遭人進行溝通的類型，若進入到專門處理事務的團隊，就會累積壓力。只要能看出適合跑業務的人的長相，並做出配置，就能解決用人失當的問題。

同樣，若要在這四人中錄取事務職務的人，就要選會忠實照吩咐去做的A。

即便是在面試的短時間中，只要看臉，就能知曉一個人的本質。

若是用在商場上的人才配置觀點來考慮，則不要做出「因為臉的部位是這樣，這個人就是這類人」這種單一意義的判斷，而是要想著：「因為公司需要這樣的人才，而符合的就是這種臉的類型」，才比較不會出現用人失當的問題。

重要的是，要活用各類人的特性。只要使用相貌心理學，就能做到適才適所的人才配置。

適合日本人的溝通法

相貌心理學不是為了判斷一個人「好壞」的學問，是為了理解一個人的學問。人總是會用「好壞」去判斷事物。不僅是對事物，對人也同樣如此。要問為什麼，就是因為人類在肉體與精神上，本能地會守護自我，這是自我防衛在運作。做出判斷的主體經常都是自己，所以當然很主觀。

相貌心理學這門學問是客觀讀取表現在「臉上」的各種「表露」，並形之於語言，其中無所謂「好壞」的判斷。順帶一提，表露在相貌心理學中指的是生物體內部發生的情況，形成特徵表現在臉的表面上。

首先，請仔細觀察對方的臉。這不是要各位進行眼神交流，而是只要看臉，就能看出在臉上反映出對方基本性格、行動方式等與對方相關的各種傾向。

若能知道「這個人是這種類型的」，就能不問人種・國籍，配合對方進行溝通。

這麼一來，對方也會有備受了解的安心感，於溝通上生出寬容性。

在理解了是哪種類型後，配合對方做出應對的溝通法，對於不習慣外國人經常做出激烈論爭的日本人來說，不正合適嗎？

這種方法是適合謹慎、安分日本人的一種溝通法，是非常有效的工具。

我推薦相貌心理學的理由也就在此。

重要的是，不要用「好壞」來判斷結果，而是該怎麼去理解。判斷與理解是兩件完全不同的事。

還有再加上臉是會經常變化的。臉是會反映出內心的鏡子，只要那個人的感受方式變了，臉也會改變，這就是相貌心理學最根本的定義。因此，讀取臉部的變化，可以說是去理解連本人都沒察覺到的內心變化。

這樣的理解當然也可以使用在自我分析上。

透過臉部的變化來得知動機或內心的動向，就能像在日常生活中健康管理那樣，用來管理自己的心，也能活用在做出大決定或選擇以開拓新人生之時。

既非占卜也不是面相學

相貌心理學和占卜不同，是「學問」。

其實也經常有人來造訪我，問我：「將來會如何？」想鑑定自己的未來。

因為這不是占卜，所以我不會知道一個人的未來。

不過，我可以說：「未來是靠自己構築的。若有夢想，從容貌可以給出能接近夢想的方法，但因為這不是占卜，所以無法得知要幾年後才能圓夢。」

這麼一說，懷抱「能幫我占卜」想法、心情激動前來的人似乎都很失望。他們不知道是因為放棄了還是真懂我說的了，會說著：「啊，沒辦法幫我看啊……」而快步離去。

相貌心理學頂多就是能理解自己與他人的學問，與占卜不一樣，無法判斷「好／壞」「會實現／不會實現」。

此外，相貌心理學也與面相學不同。在面相學中，會抽出臉的某個部分，從那一點來判斷人。

在相貌心理學中，則認為「局部是整體的一部分」，點與點是緊密相連，統合了整體後才思考得出「是這種性格」。頂多是專屬於每個人的客製分析。

在我調查的範圍內，面相學怎麼說，看起來都是在理解部分性的表露。這就和相貌心理學有很大的不同。關於這點，各位只要讀了第六章的綜合分析就能懂了。

往後時代中不可或缺的必要學問

因著科技的進步，往後的時代中，在家工作或在其他地方辦公一定會變得一般化。又或是在不遠的將來，遠距醫療將會普及。在這些方面，也能活用相貌心理學。

在這些機制中，人們通過電腦或手機畫面與分隔兩端的他人進行溝通。雖能說上話，但因不是面對面，就難以看出對方的呼吸以及細微的表情，或許也會比在現場更容易出現說大話的人的點子被採納，而不擅言詞的人則蒙受損失的情況。也有可能「無法」花時間蒐集意見、決定意思、掌握病況。

在此，需重視的就是臉。

在必須與不認識的人或初診患者溝通時，都能清楚看見對方的臉。就算不太了解對方，只要看著對方映現在畫面上的臉，分析表現在上的資訊，就能判斷「這個人不會說真心話」「有很強烈的選擇欲求」「對環境的適應性很高」。

除了面對面，相貌心理學也能大為活用在各別場合中的溝通。時代與技術的改變也啟發了我們相貌心理學普及的有用性。

第二章

正確率九十九％的臉部分析法

為什麼會想不起許久未見的人的臉？

你是否有過以下的經驗？「在街上突然被完全不認識的人叫住」。

「好久不見！」

雖然對方這樣說，但自己卻完全不記得了。然而對方卻說：「○○，你過得好嗎？」連自己的名字都知道，爽朗地跟自己搭話。當自己不知是表現出拘謹還是呆愣著，對方是不是就會說：「我是△△啊，你忘了嗎？」

這個名字，自己的確是知道的，是高中同學。這麼說來，這聲音好像也聽過。自畢業後已經過了十幾年……，就算隨著年齡的增長而有了改變，但眼前這個△△與當年相較，宛如他人。

「你真的是那個△△嗎？」

你依舊懷疑著。即便如此，對方一說出與你兩個人經常一起出去玩的地方等過往回憶時，你不禁就湧現出一股懷念感。再仔細一看，對方臉上似乎仍到處都留有當年的痕跡。

「果然是△△啊。可是你變得好像另一個人了。怎麼會這樣？」

雖然直到最後，你心中都有疑惑，但仍交換了聯絡方式，並約定好近期內找些同學年的同學去喝酒。你想著：「這麼一來，既能確認是不是△△本人，又能久違地和許多人見面，真是一箭雙鵰！」

這裡舉的例子稍微有點誇張，但大家應該都有過類似的經驗，因為從前認識的人臉部改變太多而大為吃驚。臉是會變的，所以這是理所當然的。

如果以前對方的眼角下垂，如今反而上揚了，那麼現在在你眼前的這個人就變成了意志堅強、不會露出縫隙的人。或許△△先生以前是比較愜意的人，所以也難怪會覺得他好像變了一個人。

又或者是說，以前他臉上的肌肉豐腴，如今卻削薄了，那麼現在在你眼前的人可能比以前對環境或他人的刺激較敏感，所以感受上變得稍微有些神經質。以前的△△先生或許是心胸開闊的人，所以他本人有很高的可能性並沒有察覺到自己的改變。

臉會因為環境而改變

為什麼臉會改變呢?與其說是年紀增長的緣故,受到環境的影響更大。臉是會因為環境的變化而改變的。

在碰到十幾年沒見的同學時之所以會認不出來是誰,或許是因為對方的環境有很大的變化。環境所導致的變化會比年紀增長的影響來得大。

環境是人臉會不會變化的一大主因。環境的變化既有居住環境的變化,也包含有人際關係與行動模式的變化。

而且因為環境變化,甚至在幾個月或半年等短時間內也會影響到臉部出現變化。

例如調職一、兩年的同事回到總公司來之後,若臉部大為改變,那就是受到了赴任地環境的影響。環境就是會給臉帶來那麼大的影響。

話說回來,顏面神經在臉上分布有三十種以上的肌肉,這些肌肉會相互作用,打造出複雜的表情。例如展現笑容時,會使用到顴大肌、笑肌。

肌肉愈是使用就愈發達，反過來說，若不使用，就會逐漸退化。笑容多的人顴大肌、笑肌很發達，就別人看來，就會是非常有魅力的一張臉。

完全不笑的人，沒有使用到顴大肌、笑肌，一般就會退化。這影響不僅止於此，也會影響到其他器官與部位，像是導致肌肉沒有彈性，或是嘴角下垂。

加上表情也會很貧乏，莫名會帶給見面的人陰暗的印象。

打造表情的是肌肉，而會影響表情的是情緒，也就是自己的內心（精神）。

臉會因表情的變化而改變是因為自己的內心（精神）有了變化。臉的變化與形成表情基礎的內心大有關聯，這就是所謂相由心生的緣由。

臉改變了，人生就會改變！

接下來要說的是「只要改變內心，臉就會改變」的實例。我在日本舉辦了研討會，親眼看到了某位聽講者的變化，再次實際感受到了相貌心理學的力量。

這名聽講者是美容美體師。初次見面時，她臉上的肌肉沒有彈性，看起來很保守消極，傾向於對自己沒自信。她本人似乎也對自己今後的生活很迷惘的樣子。

她來聽了相貌心理學的課三個月，結果臉就大為一變。臉頰上的肌肉變得豐腴也有彈性了。

現在的她已經完全充滿了自信，經營的店也成了很難預約的美容沙龍。只有三個月，她就像脫胎換骨成另一個人般。

利用相貌心理學客觀地掌握自己的個性與傾向，並具體思考活出自我的方法，就能出現改變行動的結果。最重要的是能擁有自信、積極與人溝通，如今她也能展現出自我了。

臉是內心的鏡子。這位美容美體師透過相貌心理學了解自己，改變了自己的內心，她內心的改變就影響到了臉上各部位的改變。因為內心改變了，人生也會改變。臉之所以會改變是因為與內心的變化有連動，這是結果論。

你的臉就是你的人生，在這層意義上，臉就是履歷表。

就像履歷表之後可以追加許多經歷般，要將什麼東西刻劃在臉上，與你自身的選擇與行動有關。

臉部有會改變與不會改變的部分

臉會改變，同時，也不會改變。

這麼一說，或許有人會指責說：「你說的話很矛盾！」但這說法是正確的。

臉上，有會變的部分與不會變的部分。

會變的部分是容易受年紀增長與環境影響的部分，不會變的部分則是不會受到年紀增長與環境影響的部分。

前面提過了遇見十幾年不見的同學時認不出對方的例子。之所以不知道對方是△先生，是因為有些部分受到年紀增長與環境變化而出現了極大的改變。另一方面，△的臉上之所以還留有以前的痕跡，是因為沒受到年紀增長與環境的影響。

具體來說，情況如下。

會改變的部分有眼睛、鼻子、嘴巴、耳朵、肌肉。

不會改變的部分有輪廓、額頭、顴骨、下巴。

眼睛、鼻子、嘴巴、耳朵、肌肉部分容易受到環境的影響，在一個人身上經常會出現變化。這些變化有部分改變的，也有全都會改變的。與此相對，額頭及下巴等骨骼周圍，一旦成長期結束後，就不會有太大的變化，是不太會受到環境影響的部分。

臉部有會改變的部分，也有不會變的部分——。正因為有這兩個部分，透過觀察一個人的臉，就能正確判斷出一個人的性格。

改變的部分正反映出了那個人現在的狀況；沒變的部分，則表示出那個人基本的本質。

一邊著眼於改變的部分，一邊觀察沒變的部分，透過臉，綜合分析一個人——這就是相貌心理學的手法。

首先，要認識「臉上有會改變的部分與不會改變的部分」。

依此，從中讀取資訊，並利用這分資訊來分析一個人，與對方相處時，就能做出非常細緻的應對。這麼一來，溝通就能順利。

臉上有會改變的部分與不會改變的部分

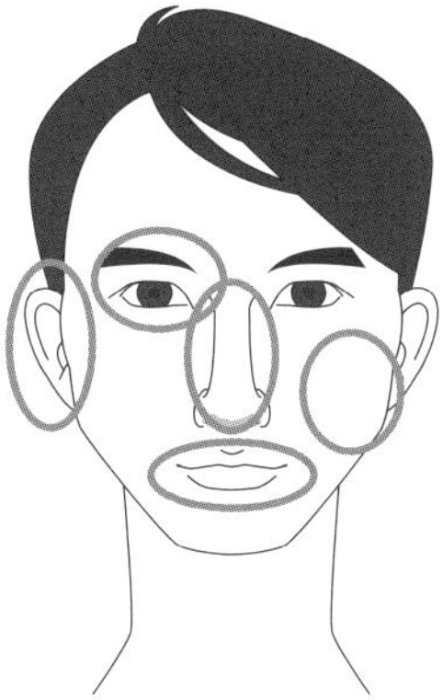

「臉上會改變的部分」
眼睛、鼻子、嘴巴、耳朵、肌肉

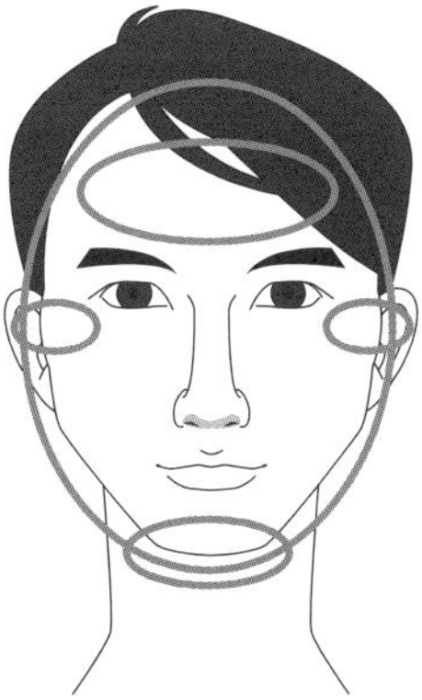

「臉上不會改變的部分」
輪廓、額頭、顴骨、下巴

三種看臉法

相貌心理學者會綜合分析臉上的器官・部位、臉上的區域以及表現在臉部輪廓上的資訊，得知「這個人有這樣的個性・傾向」。「只要看臉，就能了解那個人的九十九％」，這說的是真的。

在相貌心理學中，要分析對方，可以結合三種看法。從各角度來觀察臉並分析「這個人有這樣的傾向」後，就是世界上唯一專屬於該人的獨創分析。

話說回來，就算說要分析對方的臉，但或許有人會搞不清楚，不知道該怎麼看。

觀察的重點在於臉上的器官・部位、臉上區域（臉上面積最大的部分），以及臉的輪廓（是穩重還是纖細）。綜合掌握並分析這三個資訊，就能理解這個人臉部特有的傾向，只要留心做出適當的應對，就能順暢溝通。

順帶一提，在相貌心理學中，也可以從器官・部位掌握一個人的溝通方式；從區域讀取一個人基本的思考・情感・活動傾向；從輪廓看出精力量。

要精通相貌心理學本來就要花上許多年，所以本書中將告訴大家，只要閱讀本書，就能簡單分析出「這個人有這種傾向」「那個人的性格是這樣的」。

首先，我們會從器官・部位開始說明；第三章與第四章會說明區域；第五章則會說明輪廓。

此外，為了容易理解，在書的結尾會製作在器官・部位、區域、輪廓上有相關特徵的名人列表。請各位參照來看。

一個人的溝通方式會表現在器官・部位上

器官・部位指的是眼睛、鼻子、嘴巴、耳朵、肌肉、額頭、下巴等。即使是第一次見面，也能一眼就觀察到，只要讀取表現在其上的資訊，就能分析出「這個人有這樣的傾向」。

觀察器官・部位的方法，對於理解初次見面的人的性格・傾向特別有效。若是需要接待客人的業務，可以觀察進入店內的顧客臉上，有什麼地方是最讓人印象深刻的，分析出「這個人有這樣的傾向」，然後配合這分析做出應對，就不會讓人討厭。

觀察器官・部位，就可以判斷一個人「似乎喜歡新東西」「對自我的喜好很堅持、挑剔」。服務業人員在與顧客接觸的短時間內必須要提升業績，對他們來說，透過觀察臉上器官・部位、讀取對方資訊，就能做出有效的接客方式。

每一個器官・部位都一定有意義，會明顯表現出一個人的溝通方式與行動。

「原來自己有這樣的傾向是因為唇薄啊！」

「這樣應對眼角上揚的人吧！」

透過觀察器官．部位，就能掌握住自己的特徵，說不定還能發現連自己都沒察覺到的嶄新一面。

只要從器官．部位了解對方的特徵，就能在事前掌握恰當的相處方式。在進行第一次接觸時能生出餘裕，溝通就能變得更順暢。

器官．部位是了解自己，也是了解對方的入口。

以下教各位一個觀察法。以嘴唇的厚薄為例，如果「不厚也不薄，屬普通」，就不用去考慮那個器官．部位的表現。因為器官．部位給人的印象愈是深刻，某種傾向就愈強，若處在中間，也就是取得了平衡＝因為沒有成為一大特徵。

相貌心理學者也會考量這微小的差異並進行分析，但閱讀本書時希望大家能想得簡單些。請各位重視自己所感受到的第一印象。

那麼以下針對每一個器官．部位來做說明吧。

眼角過度下垂的人容易聽從他人的意見

眼睛可以告訴我們一個人獲取知識・資訊的方式。

首先看眼角是上揚還是下垂。

上揚的人很重視自己的興趣。眼角愈是上揚的人愈是只看自己想看的事、只聽自己想聽的話，有不太接受他人意見的傾向。

這麼一寫或許看起來有點糟，但若想要達成某個目標時，一一聆聽每個人的意見會很花時間，決斷力也會變遲鈍，所以有時獨斷是必要的。

這時候，眼角上揚類型的人表現就是正面的。話雖這麼說，若沒有察覺到這點，視野就會變狹窄，所以需要注意。

眼角下垂的人多會傾聽他人的意見，展現出他們有仔細觀察事物的能力。可是若下垂得太過，就會過於全盤接受，變得太容易照著別人的意思走。覺得自己「或許比較下垂……」的人，在擅於傾聽這方面做得差不多就可以了。

只要看眼角，就能知道你的下屬是否為聽話行事的人。

若覺得下屬的眼角現在是上揚的，就可以確切理解為是「除自己關心的事情以外，別人說什麼都不會聽」。比較好的做法是，在當面對他說：「要聽我說的話」之前，先思考「該如何才能讓他對這件事上心」。

相反的，若下屬的眼角現在過於下垂，可以看成是「容易照著別人的意見走」。雖可以理解為是「會聽上司的意見」，但反過來說，也可以說這個人是優柔寡斷、會傾聽所有人的意見。

眼睛告訴我們一個人接收知識・資訊的方式

眼角上揚的人，
以自己的興趣為主

眼角下垂的人，
會聽從他人的意見

眼睛大張的人，
好奇心旺盛

眼睛細小的人，
有很強的選擇資訊欲求

很多人經常容易搞錯上吊眼・外眼角下垂的眼睛，以及眼角的上揚・下垂，但這兩者有很明顯的不同。尤其是看著微笑的臉頰時，很容易給人眼角下垂的印象，所以這點需注意。

將臉擺成正面才能正確看透，然後想像一下從眼頭畫一條直的橫線。以這條線為基準來判斷眼角是上揚・下垂。如果對方有在眼角化妝，則需特別留意。

眼睛大張的人好奇心旺盛

眼睛張開的模樣表示了好奇心的旺盛與否。眼睛大張的人，好奇心非常旺盛。相反的，眼睛愈細小的人愈會鎖定資訊，進行選擇。

眼睛大張的人有著想要知道各種各樣大量資訊的欲求。反過來說，也有著容易受視覺影響資訊而追趕流行時尚的一面。而相反地，眼睛細小的人不會被流行時尚的資訊所左右，重質勝於量，只會選擇對自己來說是重要的資訊。

那麼，眼睛細小的人是否就沒有好奇心呢？話也不能這麼說。有個方法可以知道眼睛細長的人好奇心旺不旺盛，那就是測量兩眼間的距離。

兩眼間距離比一隻眼睛還寬的人就是好奇心旺盛。這麼說來，眼睛細小且兩眼間距離超過一隻眼睛寬度的人就是好奇心旺盛，而且會想從許多資訊中選取出對自己來說是必要的資訊。兩眼大睜且兩眼間寬闊的人好奇心強，收集資訊的能力也很卓越，但因為意識散慢，無法專注在每一件事上，所以對他們一一詳查每件事的能力要打個問號。

以下再繼續講些有關兩眼間距寬窄的情況。兩眼間距離較窄的人，讓他們去做一件事時能做得很好，但是他們無法同時進行兩、三件事。

交付工作給下屬的時候，若要一次性地交付各種工作給兩眼間距非常狹窄的人，不能說是個好方法。若使用「去做A、B、C、D」這樣的交付法，他們可能會陷入恐慌。這類型人比較適合專注在一件事上的工作，所以交代工作時要一件一件來。

若要交待下屬同時進行數個案子，兩眼間距較寬且眼睛細小型的人會比較適合。

太陽穴大為凹陷的人，在思考上會來回兜圈子

接下來要看的是太陽穴。太陽穴能告訴我們一個人將想像或創意置換成理論・現

實性思考的能力。

形狀可以分成三種情況：一直線、凹陷、大為凹陷。

「才沒有大為凹陷的人！」

或許有人會這麼想，但那是因為此前都沒有把注意力放在太陽穴上來看對方。只要實際留意去看，或許你週遭也有這樣的人。

那麼接下來就來一一說明太陽穴的情況。

太陽穴會告訴我們一個人的實現能力

太陽穴一直線的人，解決問題的能力很高

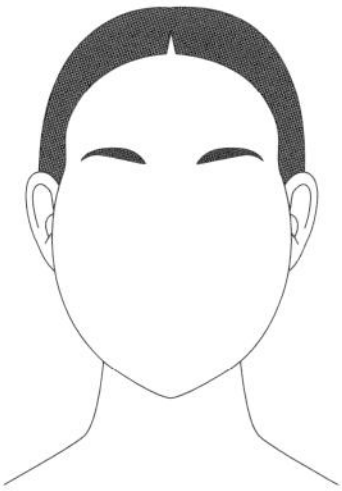

太陽穴凹陷的人，容易宥於規則

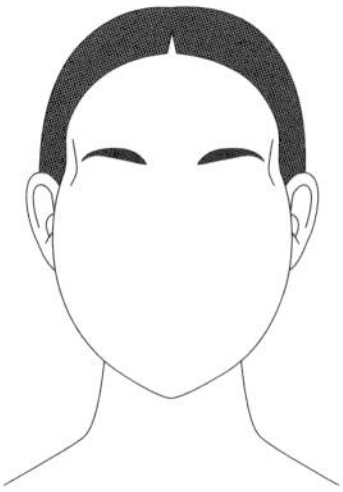

太陽穴大為凹陷的人，有過於慎重的傾向

太陽穴一直線的人有著可以確實把想像或浮現腦海的創意置換成理論性、現實性思考的能力。這分能力也可以置換成「發生問題時，思考克服方法的能力」，是一種解決問題的能力。

太陽穴凹陷的人雖有思考力，但會想著「必須要那樣做」，對自己有非常高的理想，此外也容易局限於世間的道德與常識，與一直線的人相比，有著思考力比較沒那麼快的傾向。

太陽穴大為凹陷的人，在想一件事時，會不斷循環糾結著「既不是那樣，也不是這樣」，也就是「會來回兜圈子」的類型，可以說是過於慎重。

為了談生意而初次造訪某間公司時，請好好觀察與自己應對的負責人太陽穴。從中可以得知「這個人的思考很實際」「要談成生意可能沒那麼快……」等資訊。

太陽穴正是告訴我們對方實現能力的一個指針。

看不見鼻孔的人是神祕主義者

各位的鼻孔看不看得見呢？

從正面能清楚看見鼻孔的人，會坦率說出心中所想之事，偶爾他們也會想著：「啊！說得太過了。」

相對於此，看不見鼻孔的人是神祕主義者。即便擅長社交，卻有不太會說出真心話的傾向。

若要給建議，針對看得見鼻孔的人是：「在說出真心話之前，多少也察言觀色一下」；對於看不見鼻孔的人則是：「別想得過於客套，要更敞開心胸些」。

在工作場所與人會面時，只要看對方的鼻孔，就能知道他是會率直說話，還是神祕主義者。

只要了解這點，就能做出配合對方的溝通。

鼻梁傾斜的人會準確傳達出自己想說的話

鼻梁會顯示一個人在告訴他人自己腦中所想之事時的氣勢。

請從側邊確認對方的鼻梁有沒有傾斜。

鼻梁有角度，呈現出如子彈般「咻」地射出就是有傾斜。有傾斜的人能確實將自己所思所想傳達給對方。

沒有傾斜的角度、不太有氣勢的人，不擅長坦率地將自己所思所想表達出來，會採用婉轉的說話方式。

觀察鼻梁的時候，不是看鼻子的高低，而是觀察傾斜度。也有人的鼻子雖高，鼻梁卻沒傾斜。

此外，不管有沒有傾斜，鼻梁有節的人都是心情起伏激烈的類型。

鼻子會表現出進行溝通的方式

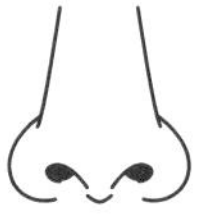

看得見鼻孔的人會坦率說出心中所想之事

看不見鼻孔的人不太會說出真心話

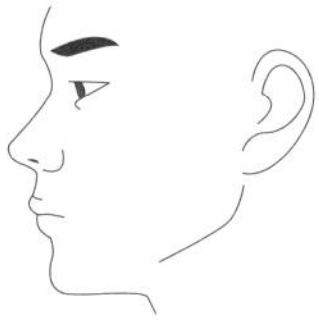

鼻梁傾斜的人有傳達能力

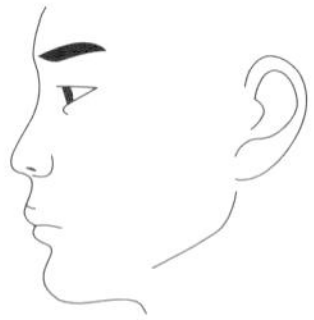

鼻梁沒有傾斜的人不太擅長表達

如果下屬或同事中有人的鼻梁有節，對方就是只會因一句話而受到傷害的類型。跟他們說話時，最好能多留點心。

從正面看得到耳朵的人獨立心旺盛

耳朵代表著獨立心，若能從正面看到，就是獨立心旺盛；若是看不到，就是不太具有有獨立心。

耳朵愈是清楚可見，獨立心就愈強。對看不到耳朵的人來說，若是滿足於現狀，就代表著安定；若不是，則表現的是對現狀的妥協。

耳朵表現出了獨立心

從正面可以看到耳朵的人獨立心旺盛

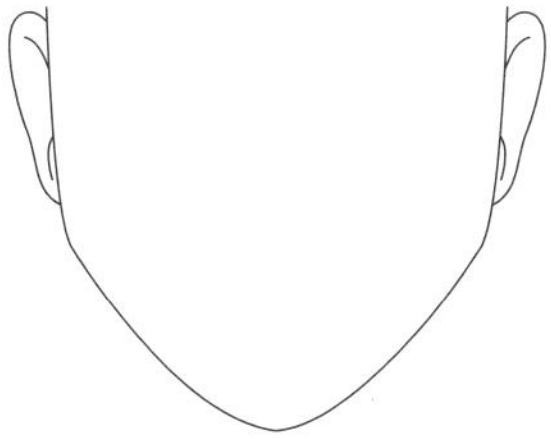

從正面看不見耳朵的人期望維持現狀

不論是哪一種，在工作上期望獨立的人，請觀察自己的耳朵。很有趣的是，就知名商業人士的情況來看，幾乎全都可以說是能從正面看得見耳朵的。

肌肉豐腴的人寬容，少的人神經質

臉頰的肌肉能告訴我們一個人對社會生活的寬容性、順應性、社交性。肌肉愈豐腴愈容易發揮這些特性；肌肉偏少，平坦面愈多，就愈不容易發揮那些特性。

肌肉豐腴的人，不論和誰在一起，不論是處在什麼樣的場所，都能發揮寬容性、順應性、社交性，可以說很擅長溝通。肌肉少的人，只會針對自己所選定的環境與對象發揮這些特性。他們喜歡範圍狹窄、內容有深度的溝通，而非廣泛膚淺的話題。

有些人的肌肉是坑窪不平的，表示這些人有著難以取悅的傾向，會極端地分成能順利發揮寬容性、順應性、社交性以及無法發揮兩種情況。

肌肉可以說是覆蓋了感受性的外皮。肌肉愈是豐腴，感受性就愈是遲鈍；反過來說，愈少則愈敏感。肌肉少的人可以看出有神經質就是這個緣故。

此外，肌肉豐腴的人很容易受到環境的影響，而肌肉少的人則有不太會受到影響的傾向。這麼說來，看似與先前所說的邏輯有些相反，因為肌肉量多的人，明明感受性比較遲鈍，為什麼還容易受到環境的影響呢？

假設現在有一個裝滿黃色液體的水球。若將這水球砸在肌肉結實的A身上，因為他感受性遲鈍，就不會察覺到水球飛了過來。結果水球就會「啪」的打中他破掉，A就被沾染上了黃色。

肌肉表示了寬容性、順應性、社交性

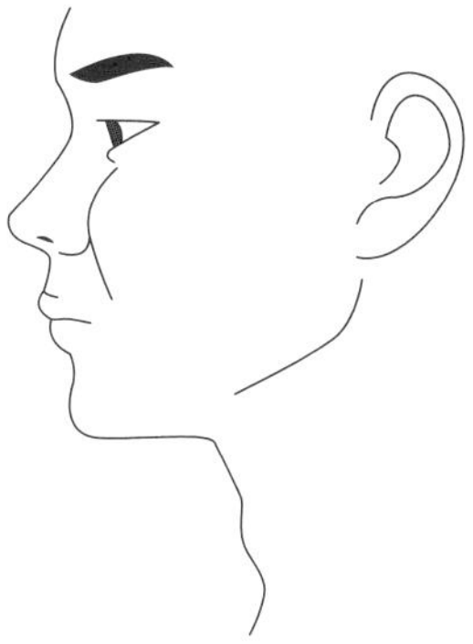

肌肉豐腴的人社交性高

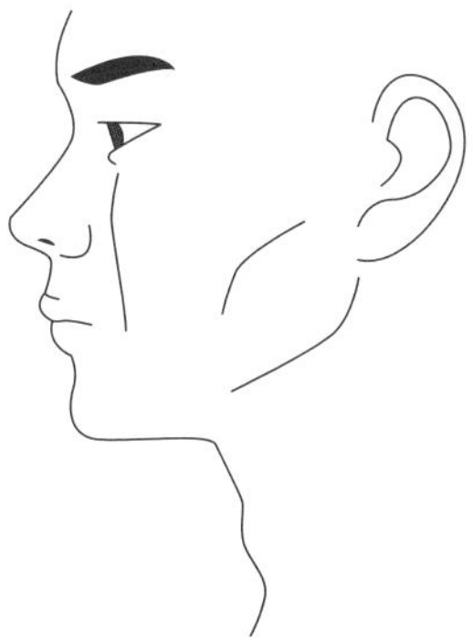

肌肉少的人喜歡與限定對象進行深入的交流

相反的，肌肉少的人感受性很敏感，水球飛來時，能立刻察覺到。因為會察覺到「哇！砸過來了！」而能避開，所以不會染到顏色，因此不太會受到影響。

也就是說，肌肉豐腴的人和所有人都能溝通，因為鈍感，就容易受到環境的影響。肌肉少的人會選擇對象溝通，因為敏感，就不太會受到環境的影響。

順帶一提，臉上肌肉豐腴並不等於「胖」。有很多人都是雖從正面看過去的肌肉是豐腴的，但從側面看去卻如石頭般平坦。

像這類型的人，溝通會侷限在自己所選擇的對象與環境中，也就是會確實選擇對象的類型。就像這樣，相貌心理學不是從正面而是就立體來看，所以能提升正確性。

肌肉緊緻的人解決問題的能力較高

關於臉上的肌肉，還要來觀察緊緻度。肌肉豐腴的人之中，可以分為緊緻與不緊緻兩類。

緊緻與否表示了熱情的多寡與面對問題的抗壓力。肌肉豐滿有彈性就是緊緻；肌肉稍微有點柔軟的，就是不緊緻。

肌肉緊緻的人有能力克服問題。

相反的，用手指按壓肌肉時一下子就陷進去的人，容易說出：「不行不行！我做不到。」「好累喔，別做了吧。」這種放棄的話。面對問題的抗壓力很弱，容易偏向走輕鬆的路子。

在公司中，要看透下屬是否有克服問題的能力，只要看他肌肉的緊緻度就能確認。若肌肉是豐滿有彈性的，即便碰上了問題也可以因為「若是那個人就能克服」而放心交代工作給他。反過來說，若是肌肉不緊緻的人，為了解決問題，就一定要追蹤他的進度。

嘴唇薄的人較冷漠

關於嘴巴，觀察的方法有很多種。首先是唇肉的部分。

唇厚的人，有溫厚且語調平穩的傾向，善於稱讚對方，善用語言引出對方的幹勁；

嘴唇表示了說話的方式

唇薄的人說話容易傷人

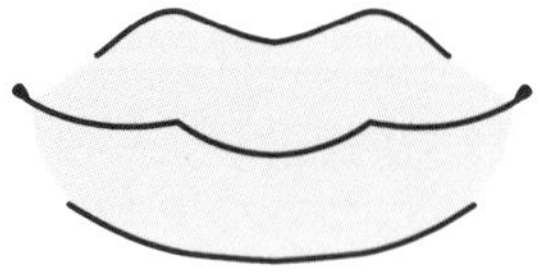

唇厚的人善於誇獎人

而唇薄的人有時說話很冷漠。

唇薄的人雖然說的話很正確，但用詞遣字卻有如利刃般，說起話來有時會狠狠刺傷對方，希望這類人能留心這點。

另外，看嘴巴閉合的情況就能得知自我控制能力的強弱。

平常就緊閉嘴巴的人自制力較強。這類人能確實控制自己，在工作上算是個好的傾向，但若是過於緊閉到成一直線連在一起的類型，則是自制力過強，所以有時會在關鍵處停下行動。

我在等電車或是紅綠燈時會不經意地看向隔壁和對面，我發現，最近的年輕人較多嘴巴張開的。觀察在電車中熱衷滑手機的人的嘴巴時，我發現他們也是張著嘴。

這類人可以看做是自制力比較弱的。尤其是發著呆、嘴巴開開的人，容易做出違禁的行為、說出不可以說的話。

反過來說，嘴巴只稍微打開一點的人會給人寬容的印象。在雜誌上，偶像的嘴巴很多時候都是半開的，這麼做可以營造出好感度，讓粉絲們容易接受。

口角上揚的人積極正面

嘴角是上揚還是下垂，表現出了心的動向。

嘴角上揚的人樂觀且思考正面、積極；嘴角下垂的人則悲觀，且思考負面消極。

在公司中若認為有下屬是：「那傢伙說的話雖是對的，但也太直接了吧」，那就觀察一下他嘴唇的厚薄度吧。那個人的唇應該是薄的。

又或者說覺得有下屬是：「那傢伙總是盡情歡鬧著」，就可以看看他嘴巴閉起來的樣子。那個人的嘴巴應該經常都是開開的。

此外，若覺得有下屬是：「那傢伙就算碰上大問題也總是很積極正面」，可以看看他的嘴角。那個人的嘴角應該是往上的。

額頭成一直線的人非常頑固

接下來要講不會改變的部位。第一個是額頭。

額頭傾斜表示思考清晰果決。

額頭的傾斜度是只要看把瀏海往上撥的側臉，就能清楚識別。從側面看去是傾斜？是一直線？還是像海豚那樣是圓形的？額頭可以分成這些形狀。

額頭的傾斜表示了思考的快慢。

傾斜度愈大，思考的速度就愈快。雖然想得快很好，但反過來看，也可以說是想得比較淺，過度的傾斜則表示出了不太會考慮他人。

額頭成一直線的人會將重點放在深掘事物上。另一方面，這類人的思考速度比較慢，也表示了頑固。額頭愈是接近一直線的人愈頑固。因此有時也可以看出這類人有

額頭的傾斜度表示思考的傾向

額頭傾斜的人，思考的速度比較快

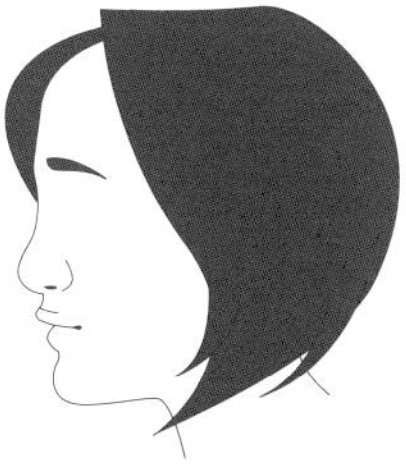

額頭呈一直線的人是深思熟慮型

額頭圓鼓鼓的人想像力豐富

著連行動都比較慢的傾向。

像海豚一樣圓鼓鼓的人想像力非常豐富。因為想像力過於豐富，有時也會變得有些妄想。幼兒的想像力豐富，很多人的額頭都是海豚型，但隨著成長，他們的額頭就會變成傾斜或一直線，又或者是維持海豚型。成長期結束後，幾乎就不會再變化了。

額頭圓鼓鼓的人耗費再多時間也要把事情做好

交代工作給下屬時，可以從對方額頭是傾斜或呈一直線的不同，而得知採用什麼工作方法比較有效率、估算出需要多少時間。

將工作交代給額頭傾斜的下屬時，可以交代他們要在短時間內完成的緊急工作。

交代工作給額頭呈一直線的下屬時，給他們需要花些時間自己進行的深刻項目，會比較能收到成效。

要交代工作給額頭圓鼓鼓的下屬時，比較適合給他們盡可能不介意要花多少時間、需從無到有的創造性工作。

若不知道額頭表示出的傾向，交代下屬工作時自己就難免煩躁不安。

交代工作給額頭成一直線的下屬時，若他們總是遲遲未交出成果，主管或許會煩躁地想著：「那傢伙動作真慢。」但他們本人其實在進行工作時需要慢慢思考。只要理解他們是「正在仔細思考」，就能減少煩躁。

若將工作交代給額頭圓滾滾的下屬，且給了他們足夠的時間，但他們卻完全沒有進展時，或許是因為他們本人已經進入到夢想的世界中了。因為完全沉浸在個人世界中，所以偶爾需要把他們拉回到現實世界來。

若是把工作交代給本該工作速度很快、額頭有傾斜的下屬，但他們卻始終沒完成時，這就是一大問題了。可以想到的是，除了被交付的工作以外，他們應該還發生了其他的問題。

傾斜、呈一直線、圓滾滾，依這三種額頭的類型，就能得知每個人的思考速度與不同傾向。

下巴往前突出的人容易實現雄心壯志

第二個不會改變的部位是下巴，要看的地方是下巴前端，看是又細又尖還是堅實平坦？下巴前端的形狀表示出了這個人是否有雄心壯志。

下巴前端平坦且堅實的人有雄心壯志，是對自己也有自信的類型。

另一方面，下巴尖的人幾乎對自己沒有信心，也沒有雄心壯志。因為沒有自信，就不覺得自己「能做出一番成就」，也不會想要積極採取行動。

除了有多大雄心壯志，其次還可以從下巴看出一個人付諸行動的能力。

我們可以從側臉來看下巴，標準是下巴有沒有比眉頭還往前突出。

下巴表示有多大的雄心壯志

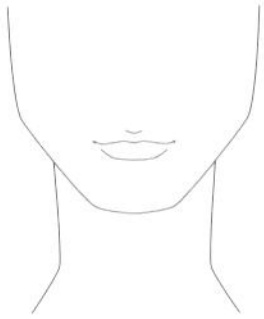

下巴平坦的人有雄心壯志，也很有自信

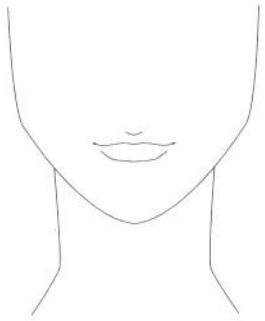

下巴尖細的人沒有雄心壯志

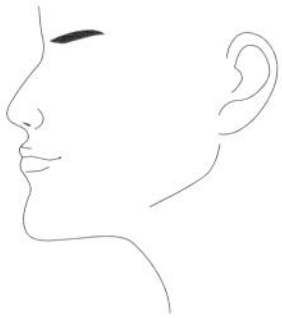

下巴往前突出的人有實現雄心壯志的的能力

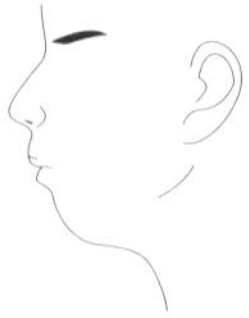

下巴往內縮的人，要實現雄心壯志，需要有人在後面推一把

下巴往前突出的人有能力靠自己力量實現雄心壯志。

下巴內縮的人，需要有人從後面推一把，或是沒什麼骨氣，單靠自己一個人很難實現自己的雄心壯志。

重要的是，有「多大」的雄心壯志與「實現」雄心壯志的能力是兩回事，所以需要從正面與側面來觀察下巴前端。

顴骨高的人重感情

額頭與下巴之所以不會改變，是因為屬於骨骼類。骨骼一過了成長期，就不會因為環境的變化或壓力而產生極大的變化。

因為不會改變，就能表現、讀取出一個人的本質。要這麼說也一點都不為過。

在臉部骨骼上，接下來值得關注的要點是顴骨。

顴骨所表現的是社會性的欲求以及對愛的欲求。我們可以分為顴骨高的類型與顴骨低的類型。你是屬於哪一類型的呢？

顴骨表示社會性欲求、對愛的欲求

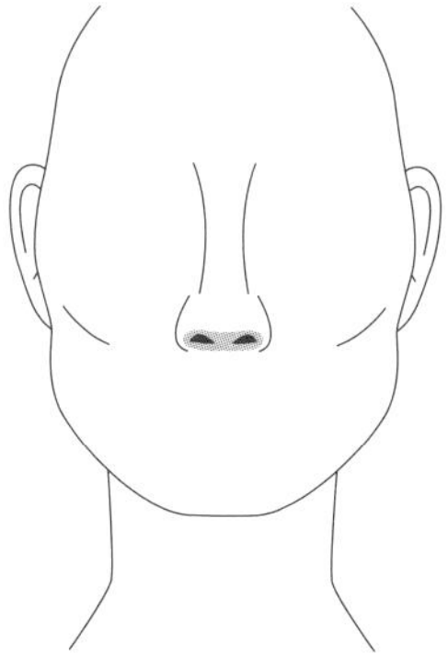

顴骨高的人重感情

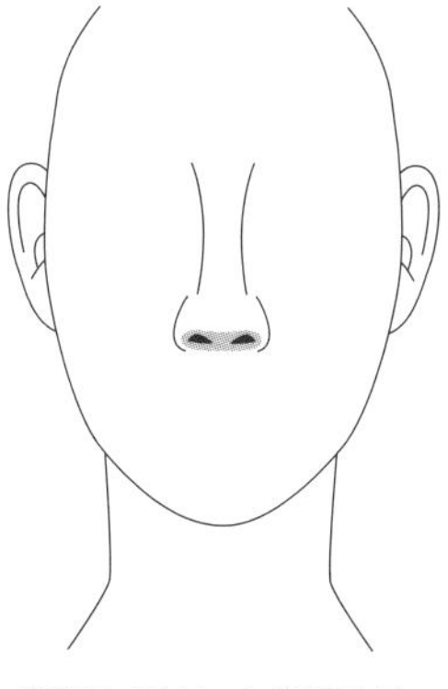

顴骨低的人對愛的欲求不強

顴骨愈高對社會性欲求、對愛的欲求愈強。正是因為重感情，顴骨愈高的人，就愈容易把那分欲求強加在對方身上，可以說是不知足的顴骨。

相反的，顴骨低的類型對社會性欲求、對愛的欲求就沒有那麼強烈。

舉個例子，顴骨高的人追求分享愛，也會積極參加慈善活動等。這是非常好的活動，本人也是出於好心而去進行，但其實有時是傾向於做慈善活動來滿足自我，至於對方是否真的幸福則在其次。覺得自己顴骨高的人，請視對方的立場及狀況來考慮是否強加了自己的體貼給他人。

臉會因冷熱差而出現變化

會大為影響到臉部模樣的，誠如前述，可以舉出如環境等例子。

首先我們可以試著以「房子」為例子來想想看。同樣是房子，在溫暖地方與寒冷地帶的建造方式卻完全不一樣。

在溫暖的地方，房子的窗戶會大為敞開；建築物的牆壁也因為氣候溫暖而很薄。

相對地，在寒冷地帶，建築物的牆壁建造得很厚；窗戶很小，完全是閉鎖式的。我們可以直接像這樣把房子的構造全比對成臉的模樣。

居住在溫暖地區的人，眼睛、鼻子、嘴巴都會大張著，也就是說是開放式的。給人一種有活力、爽朗的感覺。

另一方面，居住在寒冷地帶的人的臉，眼睛、鼻子、嘴巴等對外是緊閉的。總之說起來就是有閉鎖式的傾向，讓人感覺難以接近。

環境帶給臉的影響，比我們想像中還大。即便同樣是人，也會因為成長環境、居住地方不同而大不同。

雖一言以蔽之說是環境顯得過於籠統，但在相貌心理學中可以大致分成兩種。

一種是如字面上所說的環境。

另一種則是人際關係。

關於前者已經在房子構造的部分說明過了，至於後者，接下來會再說得詳細些。

外部刺激會使臉部出現變化

人每天都會和許多人溝通，在這關係中會互相影響彼此。若眼見有人拿出了成果，人們受到「想跟那個人一樣努力」的刺激或感化，內心就會出現改變。這種因為受到外部刺激而出現的內心變化，也會擴及影響到臉上的器官・部位。

例如嘴角上揚、眼尾上揚、從正面可以看見耳朵，或是肌肉豐腴。前面雖說過：「會變化的部分有眼睛・鼻子・嘴巴・耳朵・肌肉」，但以下部分也會受到外部刺激而有所改變。

接下來我們試著用極端的例子來說明。

「只要照我說的去做就好。」

若職場上有像這樣控制力強的上司，下屬必然會等候指示。即便有很強的幹勁和獨立心，也會覺得：「只要照那個人說的去做就好」，逐漸對工作持消極態度。這種內心的變化，就會使外型出現收縮的變化，例如「從正面看得見的耳朵藏了起來」「眼角下垂」等。

「我會負起責任。你自己思考一下後就去行動吧。」

相反的，若上司的態度是一貫地重視自主性，下屬的內心當然也會起變化。專門等待指示的下屬會變得不斷去嘗試看看怎麼做才能順利，或是變得會去挑戰困難的工作。這種內心的變化會導致出現以下的相關外型變化，像是「細小的眼睛變得大睜」「肌肉出現彈性」等。

我們雖不能選擇出生時的環境，可是長大成人後，可以自己選擇環境。不論是居住環境還是人際關係兩方都是。這些環境會影響到我們的內心，改變臉上眼睛・鼻子・嘴巴・耳朵・肌肉的部分。

順帶一提，孩子的臉會比大人更容易因為環境而產生變化。一般都認為孩子會因為身體的成長而導致臉部出現變化，但其實反而應該說是受到環境的影響比較大。

幼年時期的孩子總是很聽雙親及老師的話。這時候，孩子的臉部會因大人們的溝通方式（對孩子而言的外部刺激）而大為改變。

若大人們總是給出指示或命令，就無法從正面看到孩子的耳朵。反過來說，若大人們重視孩子的自主性，就可以從正面看到孩子的耳朵。

臉會因為環境而改變——。希望大家能更認識到這點。

單靠整形無法改變人生

「改變了臉，人生就會改變。」

這麼一說，或許有人會疑惑：「那只要整形就好了嗎？」身為相貌心理學者，我再次重申，我並不是建議各位去整形。

只要整形，臉就會改變。現今技術很進步，能簡單修整臉部。

話雖如此，這不過是改變了臉的外觀而已。透過整形手術重塑臉型的人，大致可以分成以下兩類。

因為外型改變，被周遭的人說：「你變漂亮了呢！」而變得對自己有自信的人，這些人在行動上也會變得積極。他們應該是覺得：「變了臉的自己＝真正的自己」，所以在心態與臉面上都變得看起來跟以前的自己不一樣了。

另一方面，也有人是雖然獲得了如自己所期望的臉，周遭的人也對他說：「你變漂亮了呢！」卻會疑神疑鬼的想著：「是真的嗎？」即便臉改變了，卻依舊沒自信，心態也沒改變。這麼一來，就會持續過著和以前相同的人生。

指出這件事的，就是美國的整形外科醫師麥克斯威爾・馬爾茨（Maxwell Maltz）博士。馬爾茨博士在第二次大戰後為許多女性進行過整形手術。

術後的反應可以大致分為兩種。誠如前述，可以分成擁有自信、人生好轉起來的人，以及沒有自信、人生無所改變的人。

根據許多的臨床結果，馬爾茨博士做了如下的結論，亦即：「不論怎麼變臉，只要內心沒變，人就不會變」。

透過整形而改變人生的人，可以說，比起外觀的變化，受到內心變化的影響更大。

因為內心改變了，人際關係的環境就會出現改變，於是能改變自己的人生。

相反的，整了形人生卻沒改變的人，即便改變了外觀，在心情上仍大大消極的認為：「變了臉的自己並非真正的自己」，較之於術前「我討厭這張臉」的想法，內心並沒有改變。這麼一來，不僅環境無法改變，甚至也無法改變人生。

我自己並沒想說「整形不好」。要不要去整形都是個人的自由。不過我想指出，單純想靠整形來改變臉並不能改變人生。

因為內心改變了，臉才改變，人生也才會出現變化。

這就是「相貌心理學的大原則」。

統整表現在器官・部位上的特徵

這一章也兼具複習，在此，試著思考一下，寫在下頁關於A、B、C的兩個問題與答案是怎麼導出的。

首先是判定為容易引發問題的A。

從顴骨的突出可以看出這個人自我主張強烈；從輪廓的大小與肌肉的平坦度可以

看出他對環境與他人的寬容性、順應性較低；過於突出的顴骨顯示出了該人為了實現自己的雄心壯志，會對周遭人做出過度的要求。依據這些分析，就可以判斷A容易引發問題。

當然，A也有加分的一面。厚實的下巴表示出了他有著極大的雄心壯志，與過度突出顴骨所表示的貪欲相呼應，他會簽下大合約，又或者會獲得具權威性的大獎。有能力，所做之事能讓周遭人大吃一驚。

或許這類人容易引起問題，但也會成就大事……。A就是像這樣，是把雙刃劍。

其次來談談B。從眼角上揚與肌肉有彈性又豐腴可以看出，此人有堅強的意志與克服問題的能力、責任感；從兩眼間距較開可以判明其好奇心旺盛；而從太陽穴成一直線，則可以判斷其有將創意轉換成現實性思考的能力。依照這些分析可以做出以下結論：B有統一提升團隊的能力，可以放心把工作交代給她。

從能否看見鼻孔這點可以知道，B有時責任感會過強，會率直說出心中所想之事。

照片提供：iStock

Q1 這三人中最能放心把工作交給誰？

Q2 這三人中，容易引起問題的是誰？

（答案：Q1是B，Q2是A）

不過，B嘴巴閉合的狀況表示出她自制力的高低，而唇肉的豐厚則表示了她會說出籠絡人的話。說起來是比較不會出口傷人的類型。

與A、B相較，C的個性度較薄弱。從肌肉的平坦度可以分析出，C有溝通的欲求，但是只會與少數對象來往的類型。

從下巴厚實可以得知，C有不少雄心壯志。從太陽穴呈一直線可以知道，他有著將創意轉換成現實性思考的能力。

話雖這麼說，但他的眼尾朝上，肌肉平坦，表示出他傾向於只會對自己感興趣的事伸手。他絕非工作能力不好，但或許可以說是我行我素的類型。

只要像這樣統整表現在個別器官・部位的特徵，就能看出一個人的個性傾向與溝通方式。

從器官・部位讀取出的性格・行動正面與負面部分

額頭	・傾斜→思考速度快／有時因為沒有仔細聽清楚就貿然下決定，欠缺為對方考慮的心情 ・呈一直線→深思熟慮／無法立即回答、頑固 ・圓滾滾的→想像力豐富／容易幻想
眼睛	・眼角上揚→會追求有興趣的事／不接受他人意見，視野狹窄 ・眼角下垂→會好好聽人說話，有仔細觀察事情的能力／容易受他人意見所左右 ・兩眼大睜→好奇心旺盛，擅長收集資訊／容易受眼前所看到的事物所影響，會趕流行 ・細小→比起量，更重質，會用自己的雙眼確實觀察後做出選擇／有很強的選擇欲求 ・兩眼間距寬→好奇心旺盛，擅長收集許多資訊／意識散漫，無法專心在一件事上 ・兩眼間距狹窄→能專注在一件事上／無法一次同時處理多件事務
太陽穴	・呈一直線→有能力將想像或創意落實於具邏輯性・現實性思考 ・凹陷→有思考力／容易受常識所侷限 ・大為凹陷→容易固執在一件事上，東想西想想個不停／很慎重
耳朵	・從正面看得到→獨立心強，不妥協於現狀 ・從正面看不見→消極主義，會對現狀妥協／滿足於現狀
嘴巴	・唇厚→溫柔敦厚，語調平穩 ・唇薄→說的話雖正確，但相對的，語調卻容易顯得冷淡 ・嘴巴開開→無法自制／嘴巴適度的張開，給人寬容的印象 ・緊閉→能自制／有時會因為自制而停下行動 ・嘴角上揚→思考正面積極 ・嘴角下垂→思考負面消極
鼻子	・看得見鼻孔→坦率說出心中所思所想／說得太多，有欠體貼 ・看不見鼻孔→不會說出真心話的神祕主義者／不顯露真心 ・鼻梁傾斜→能確實將自己所思所想告知他人／有時也會有強迫人聽自己說話的傾向 ・鼻梁呈一直線→不擅長於坦率告訴他人自己的所思所想／會自我控制 ・鼻梁有節→對他人說的話或資訊很敏感／心情容易受到影響

肌肉	・豐腴→對他人有寬容性・順應性・社交性／容易受到環境或他人的影響，有些遲鈍 ・少→對他人沒有寬容性・順應性・社交性／只會對自己所選定的人敞開心胸 ・坑坑洞洞的→很熱情／情緒變化激烈，難以取悅 ・有彈性→很有幹勁，碰上問題有很高的抗壓性／精力過剩，難以沉靜下來 ・沒有彈性→沒有幹勁，遇到問題時抗壓性低／共鳴力高，但一碰上問題就會放棄
顴骨	・高→對愛有強烈的需求／愈高愈會將愛強加給對方 ・低→對愛沒有強烈的需求／不會將愛強加給他人
下巴	・厚實，從側面可以看見往前突出→有實現野心的能力／容易將自己意見強加在他人身上

第三章

臉可以分成三區

三個區域是指哪裡？

本章中將告訴大家觀察臉上三個區域的方法。

在相貌心理學中，觀察臉上哪一處擴張（面積）區域最大，就能知道大家的動力、幹勁，也就是會因為哪些事而獲得滿足。

這並非自長大成人後才出現的大改變。

臉可以分成三個區域——「思考」「情感」「活動」。

從臉的最上方到眼睛下是思考區域，可以告訴我們一個人有關思考的部分。

其次是眼睛下方到嘴唇上方是情感區域，代表溝通、情感的部分。

最後從嘴唇上方到下巴是活動區域，代表行動以及本能的部分。

將臉分割成三分時，最為擴張的區域特徵會被視作一個人人格特質表現得最為強烈的部分。

若從額頭上部到眼下是最為擴張的，該人就擁有許多思考區的特質。同樣的，若是從眼睛下方到嘴唇上方最為擴張，該人的特質就是在情感區；而從嘴巴上到下巴是最為擴張的，該人的特質就在於活動區。

加上在器官・部位表現出來的特徵，使用依這擴張區域所做的類型分析，就更能深入掌握一個人的本質。

那麼接下來說明有關思考區、情感區、活動區各自的特徵。

臉可以分割成三個區域

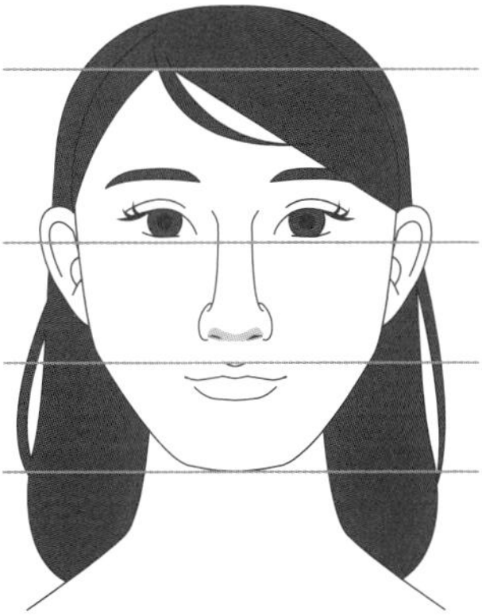

額頭最上方到眼睛下為止的面積較大的人是思考區。

從眼睛下方到嘴巴上方面積較大的人是情感區。

從嘴巴上方到下巴面積較大的人是活動區。

以理智為優先？情感為優先？還是利益為優先？

思考區擴張的人，是額頭與眼睛都給人有著衝擊感的倒三角形類型。知識與美感是他們感到滿足的本源。透過視覺接收到的資訊會刺激他們的好奇心，成為他們行動的動力。

在思考區中也包含著眼睛。他們會對自己眼睛所看到的資訊敏感地做出反應，尤其是觀賞美的事物，例如他們很喜歡藝術鑑賞等。

這類人的想像力也很豐富。他們會對刺激知性的想像力感到滿足。有時則會因為想像力過於豐富，變得滿腦子都是妄想、空想。

此外，這類人擅長以理論・邏輯來想事情，也可以看出他們具有理想主義的一面。

其次是情感區擴張的人，他們是顴骨堅挺突出的六角形類型。溝通與情感的共有是他們滿足的根源，共有、分享心情則是他們行動的原動力。

許多在溝通能力上表現突出的人，都很擅長於積極擴展活動範圍。

同時，這些人也是強烈希望有人認同自己存在價值的類型。「自己真的非常喜歡大家，所以大家也會喜歡我」，他們有著這樣的認同欲求。

他們會用情感來判斷所有事物，有時會欠缺客觀性，因為他們有著不論善惡、以喜好來做選擇的傾向。

活動區擴張的人是下巴或嘴巴周邊給人強烈衝擊感的梯形類。日本人很少有這種傾向的類型。基於本能的活動，像是物欲、食欲就是他們的滿足根源。物質的價值與現實利益、目標與數字就是他們行動的原動力。

活動區擴張的人很靈巧，擅長使用道具、做假日木工、料理、編織物、裁縫等，也擅長規劃使用金錢。美食家很多也是一大特徵。

這類人是物質主義・現實主義，所以比起抽像的名聲，更傾向於追求物品、金錢等有形的東西。

他們還有一項長處是，有能力判斷一件東西有沒有實用價值。面對人時，他們也會展露出同樣的傾向。

接下來試著從工作方面來看，將這三區做個比較。

從無到有的「思考區」

思考區擴張的人想像力豐富。工作上擅長從無到有。

若是這類型的下屬，交代他們工作時有兩個重點。

一個是「明確說明作這件工作的意義以讓他們認同」，另一個則是「交代給那人的工作，在程度上要稍高於他們所擁有的實力・能力」。

思考區的人要了解所有事才會接受。交辦他們工作時也是，要讓他們了解工作的目的與意義，若只是單純交辦他們「幫忙做一下這分工作」，他們就會懷抱疑問：「做這工作的目的是什麼？」「這是要做給誰的？」只要他們無法認同，就不會打從心底接受這分工作。所以重要的是，回答一定要明確。

絕對不可以不知道卻假裝知道。若隨便給出個回答，立刻就會被他們輕蔑。

對待思考區的人，不知道的事就坦白說「不知道」才是上策。他們既不會輕視不知道的人，反過來還會對表現出希望人家教導他們的人，說明得簡單易懂，直到對方了解為止。

此外，思考區的人在知性上的好奇心要受到刺激才會提升幹勁。若交辦他們比自己的能力或實力程度還低下的工作，他們就會覺得「被低估了」，對工作湧現不起好奇心。

他們會將能否超越自己實力・能力的工作視為挑戰，並積極埋頭苦幹。他們會想著「該怎麼做比較好」來運用想像力。為了實現理想，他們會思考各種方法。

面對這類型的下屬，就交代稍微高於他們實力與能力的工作吧。若交辦給他們的

思考區的臉是倒三角形

從額頭上部起到眼睛下呈擴張

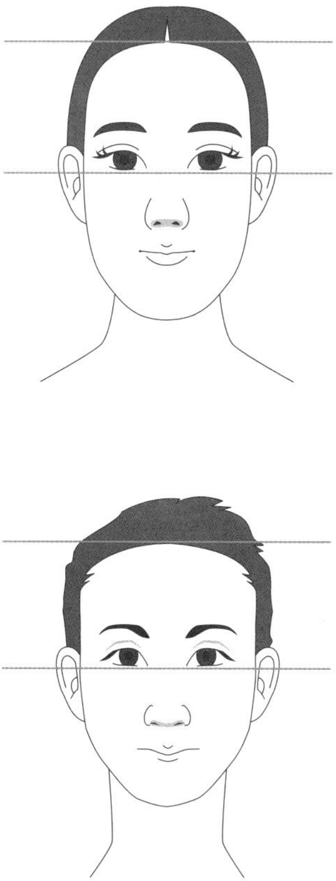

思考區的人很知性，
有很多創意

工作與他們的實力・能力有很大一段差距，他們豐富的想像力就會開倒車，在腦中放棄的想著：「不行不行」「這個絕對做不到」，早早舉雙手投降。

思考區的特徵是，讓他們意識到「稍微高出一點」「稍微提升一點」，最後他們的才能就能開花結果。

此外，他們最討厭人們對他們說「要這樣做」。即便覺得那樣是對的，也不要對他們指手畫腳。只要在他們進行程度稍高的工作受挫時給予他們幫助，他們就會非常開心。

試著想像一下以下的例子：你是業務員，想賣車給思考區的客戶。重點是要對這類型人詳細說明車輛的機能與特性。他們喜歡自己眼睛所能看到的資訊，若有商品目錄，也可以邊給他們看邊說明。

與此相對，若對方不停追問著「這是什麼？」「這怎麼做的？」「怎麼會變成這樣呢？」你就必須要給出明確的回答。當然，假裝知道是NG的。隨便回答會讓對方感到焦躁。

若對方認可了你的說明，接下來就要製造一些圖像去刺激他的好奇心。他們的想像力很豐富，所以那樣做能順利刺激他們。

「在海邊開這輛紅色跑車，映襯著藍色的天空與大海，還真是美麗啊。」要盡可能讓他們具體想像這樣的景象，點燃他們的購買欲。若有影像能給他們看最好。他們會用天生的想像力將自己投影在影像中，膨脹購買後的景象。

重視自己感受的「情感區」

要發揮情感區人的能力，心情好與「喜歡」等情感是其原動力。

情感區擴張的人，自願、熱情也全都是隨情緒而來。

重要的是要保持良好的溝通，並與他們擁有個人的話題與聯繫。例如做工作時，若問他們「你父母最近還好嗎？」「孩子在考試時，當父母的也很辛苦呢」這類私人的話題，溝通就能順利進展。他們尤其喜歡分享共同的感受，若有共通的話題，就能瞬間拉近距離。

若下屬是這類型的，認可他們的存在價值就是重點。

情感區中有耳朵。他們會對從耳朵進入的語言、資訊做出敏感的反應、感受到氣勢並行動。像是「這件事只有你能做」這類認可對方的讚美，能讓他們的才能開花。

此外，鼻子也位在情感區。就像「鼻頭出火」這句成語所形容的，鼻子也是容易直接表達出情感的器官。鼻子的狀態會老實反應出一個人的情感。

請想像一下想賣車子給情感區客戶的例子。面對這種類型的人，比起車子本身，首要以與對方分享情感為優先。

「現在要花費很多時間在育兒上，沒有屬於自己的時間很辛苦吧？可是只要開車，就能打造出專屬於自己的時間。開車載著孩子共度親子時光，或是一個人去兜風也不錯呢！」

就像這樣，和對方有所共感。

「啊！這個人有些了解我呢，或許是個不錯的人。如果要買車，也許可以找這個人……」

比起商品，首先要留心讓對方對自己有好感，就能往讓對方買車的目標邁近。

必須要注意的是，情感區的人經常會出現「只是分享心情」就結束了的情況。他們有時會滿足於「和這個人聊天好開心」就回去了，然後下次則去了別間店。

情感區的臉是
六邊形

從眼睛下方到嘴唇上方屬擴張

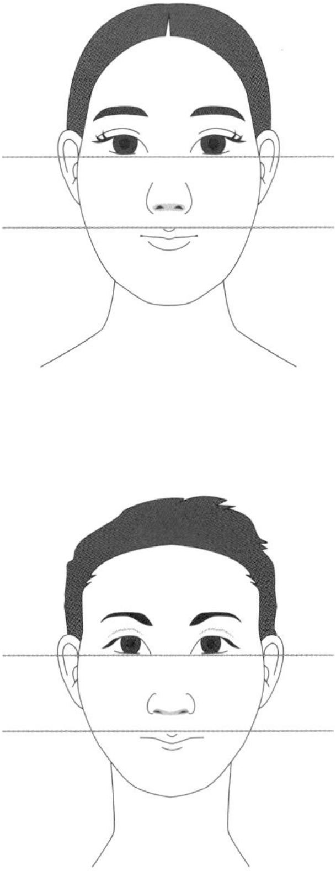

情感區的人共鳴力很高，一被稱讚就會發展才能

因此，必須要慎重判斷出「這個人會不會購買」。如果顧客看起來很猶豫，那麼比起性能或價格，更要推給顧客他喜歡的車，並且讓他感受到自己的喜好——其實我也最喜歡這種車了。情感區顧客的特徵就是，只要建立起良好的關係，就容易跟他們長久來往。

最喜歡追逐數字的「活動區」

活動區的人與思考區是完全相反的現實主義，擅長將眼前的工作從一擴大成二、從二擴大到三。活動區擴張的人，可以說是三區中最務實的。

若下屬是活動區的人，眼所能見的現實與數字就是一切，就算不斷跟他們述說抽象的圖像或概念，他們也會覺得：「你到底想說什麼？」而無法理解。

活動區的臉是梯形的

從嘴巴上方到下巴是擴張的

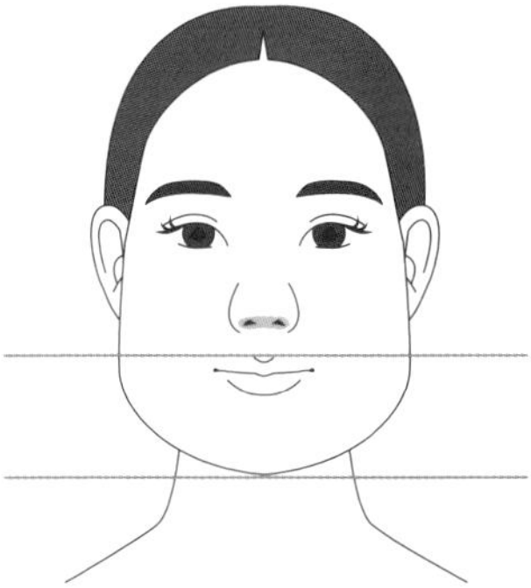

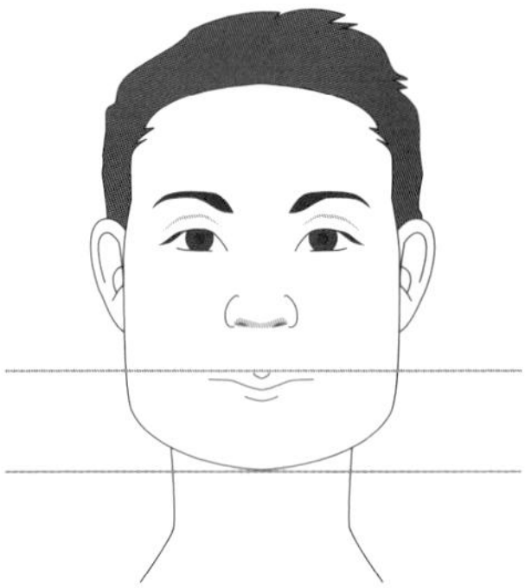

活動區的人是現實主義，
重視實際利益

此外，他們能理解眼睛所能看到的工作，或是工作方法確實的工作，像是「只要這樣做就能變成那樣」的工作，而且會很感興趣，但對於需要做出新發想的工作，則完全拿不出一絲熱情。他們雖很擅長開展，卻不擅長創造。

如果這種類型的人是下屬，就適用成果主義。「只要努力就給你加薪」「升職」，就像這樣，只要給予他們眼所能見的價值，就能提升他們的熱情，讓他們設定目標或達成數字。需要注意的是，不要讓目標或數字與本人的日常感有過大的差距。他們欠缺想像力，對於超越自己心中的現實會沒有靈感。

請試著想一下你想賣車給活動區顧客的例子。面對這類型的人，在溝通時，比起拉長開場白，最好實際帶他們試乘。透過直接用手觸摸、體驗商品，會更能讓他們實際感受到商品的好。

「乘坐起來非常舒適吧？」「車門的開關很輕鬆方便喔」，就像這樣，總之要讓他們實際去體驗。這類型人在接觸事物時，偏好親自用手去感覺、體驗。

價值感與優惠等有利的感覺則是最後的推波助瀾。

「這個優惠我只跟您說，現在買能折價△萬日圓。」

「今天購買的顧客，我們會免費加裝衛星導航系統。」

活動區的人會因為這樣誘惑的說法而傾心。這時候，別說太多話或是一堆大道理，重點是要說得直截了當且具體。

順帶一提，若是對思考區人進行這種打出折價感的販售招數，有時反而會讓他們疑心生暗鬼：「是不是有什麼隱情？」或是覺得「不是用原價購買」很傷自尊心，出現反效果。可見，單只是擴張區域不同，應對的方法也大不同。

應對客訴時該做以及不可以做的事

只要從事商業行為，就不會只碰上顧客的開心或感謝，其中也有顧客會強烈抱怨道：「這到底是怎麼回事啊！」

這時候只要知道那名顧客是思考、情感、活動的哪種類型，就能做出適當的應對。

偶爾，即便對方提出強烈的主張，也能因使用的方法而讓對方接受、認同。

面對客訴時的追究詢問，我方毋須向對方提出些什麼意見，而要去理解對方的情感、狀況與需求，同時獲得對方的諒解。在讓對方確實理解這點上，相貌心理學就能派上用場。

要獲得「思考區」的人諒解，說明的論點就要盡可能條理清晰。好好賠罪後，首先要說明現狀。同時，在自己理解的範圍內，針對引起客訴的原因、解決辦法以及今後的對策等，一一做出有邏輯的說明。

這時候只要明確表示出「在〇日前會做這件事」這類具體的日程，甚至連解決方法都「可視化」，就能輕易獲得對方的理解。如果能比這分時間表更早解決問題，也十分有可能獲得「對應敏捷快速」的評價。這麼一來就能「雨過天青」了。

若拿出些有價值的物品並表示「希望用這些來獲得您的諒解……」反而會火上加油。若說話的內容支離破碎，會被對方認定是「完全沒心要處理客訴！」而更加追究我方的過失。除了條理分明的說明，沒有其他方法能獲得這類型人的諒解。

「情感區」人客訴時，只是希望對方能理解自己的心情。只要能體諒他們「不甘心」「很震驚」「很遺憾」的心情，就能獲得他們某種程度上的諒解。同時只要表現出貼近對方、有所共鳴的態度，像是：「真的很對不起。我們很能體諒您的心情」，他們就會覺得「這個人懂我」，心情獲得滿足，就會收起矛來。

貼近對方的共鳴看起來很簡單，但這卻是很大的誤解。「情感區」人很敏感，所以能立刻看穿那是你打從心底發出的感覺還是徒有形式。

若是流利地進行條理清晰的說明，「情感區」人只會惱羞成怒：「就算跟我說這麼難的事我也不懂」。此外，若顯示出要給予他們有價的物品，並說：「今天的事就這樣原諒我們吧……」會讓他們覺得被輕視了。也有人會心情激昂地認為：「我不是為了這些東西才來的」。

「活動區」人是現實主義者，信任並看重眼睛所能見的事物。若給出有價值的物品當作賠罪，他們會認為：「我被優待了。算了，這次就原諒你們吧！」並且爽快地收起矛來。

又或者是提出可以免費幫他們維修、用高價的物品換取損壞的商品……，只要像這樣明確提供出好處，他們反倒會覺得「賺到了」，同樣會爽快地作罷。

不過，若打從一開始就想提供有價物品來做為解決方法，顧客會覺得自己看起來就像是衝著那些物品才來客訴，所以會顯露出為難的樣子。在不斷低頭道歉：「真的很對不起。」時，算準時機，擺出謙恭的態度說：「這是我們作為陪禮的一點心意……」事情就能順利進行。

不可以對「活動區」人做出有條有理的說明。不論說明得如何條理清晰，因為得不到任何好處，他們只會煩躁。話說得太冗長，會讓他們覺得自己的時間被浪費掉了。

依據不同的區域，適性・適合的職業也不同

這三個區域有各自適合的職業。以下將來談談其各自的例子。

若用同一種職業來看這三者，會有什麼不同呢？例如若用醫師這個職業來分別這三種模式時，情況將如下：

思考區＝運用邏輯與想像力，是擅長論文與研究更勝於手術類型的醫師。能發現劃時代療法的也是這個類型人。

情感區＝將「為了大家」或「幫助有困難的人」作為生存價值，這類型醫師會主

動前往發展中國家或有紛爭的地帶進行醫療，類似於在「無國界醫師」這種團體中活躍的類型。

活動區＝直視・應對眼前現實的急救醫師。現今需要些什麼？在現今的環境中要怎麼處理才是最好的？他們會冷靜判斷、應對。這類型也擅長使用器具，有很多執刀的名醫。

經營組織時，要選用適才適所的人事，但「說起來容易，做起來難」。讓誰當領導人？讓誰作為輔助者？該將新人配置在哪個部門才能讓本人成長，又能讓周遭的人接受點刺激？該如何追蹤做不出結果的人工作進度，才能讓工作順利進行……？

不論怎麼想，都想不出答案，而且也不知道這答案是對是錯。這些都是在進行人事安排時會碰上的情況。

我們無法在事前得知答案，這就是安排人事的困難之處，但相貌心理學能給出提示。因為相貌心理學兼具了正確性與實質性，能讓人覺得：「在進行人事安排前先學過相貌心理學真是太好了」。

以相貌心理學為基礎，看出一個人的類型、傾向，以及與共事者的相合度，就能進行適才適所的人事安排。

不同區域的戀愛法

相貌心理學不僅能應用在商場上，也能用在戀愛上。只要知道思考區、情感區、活動區的特性，就能改變與之交好的方法與攻略法。

思考區人會對從視覺接受到的刺激有敏感的反應，有「重視眼睛所見事物」的傾向。他們會仔細觀察當下氣氛、注意儀容、言行舉止等，而非觀察對方是不是帥哥美女。若能檢視出對方的喜好，就能配合對方的喜好穿衣服。要穿的不是與對方一樣的服裝，而是對方希望異性所穿的服裝。所以首先必須讓對方留下好印象。

在溝通上也需要下一番功夫。他們很知性、好奇心旺盛，所以不怎麼喜歡談話內容空洞的人。在談話中，要留心說出能引動對方好奇心的話，又或是對對方感興趣的話題擺出一副「務必要說給我聽」的姿態去聽對方說話，就能留給對方好印象。還有就是前面不斷重複過的，不知道裝知道是NG行為。

面對情感區的人，共鳴、分享是重點。「這音樂好棒喔」「今天的活動真有趣」要像這樣和他們一起有共鳴、有共同的體驗。難過地表示「那部電影真會讓人哭呢」也ＯＫ。此外他們對於別人如何看待他們很敏感，所以總之重要的是，要認可他們，別去否定他們。

他們對於從聽覺・嗅覺接受到的刺激也很敏感，即便只是聽著喜歡的音樂，也會情緒激昂。也可以擦上好聞的香水，或是送他們禮物。相反的，他們對對方的體味以及飲食中發出的刺耳聲音也很敏感，所以要注意。

活動區的人很行動派，所以可以和他們從事能一起做的運動，也可以放鬆休息。他們很喜歡吃東西，若帶他們去美味的餐廳，他們會很開心。

他們很重視物質的價值，所以禮物作戰很有效。他們對名牌也有很強烈的興趣，若是相同的內容物，用知名店家包裝紙包裝會比較讓他們感覺到有價值。

他們也很嚴肅看待對方的利用價值。嚴格說來，就是「對自己來說有沒有用」。

展現自我時，比起述說輕飄飄的理想或夢想，表現出自己具體的條件技術會比較能讓這類型人動心。

知道自己的區域

至此，我們談過了藉由臉來得知對方的性格，但在此，各位請務必試著仔細分析自己的臉。

分析自己臉部時，靠直覺來判斷「哪個區域最為擴張（面積最大）」是最重要的。若在整體的平衡中就是覺得「臉上半部的額頭或眼睛好大喔，是倒三角形的」，就是思考區；若覺得「顴骨與臉頰周邊好寬喔，是六邊形」，就是情感區；而若是覺得「下巴周邊頗堅實的，臉的下半部比較寬大，是梯形的」那就是活動區。

這麼說雖然讓人感覺有點粗略，但大致掌握住臉給人的印象很重要。當然，相貌心理學者也有進行專門的分析方法，但對一般人來說，這樣的做法已經很夠了。

實際上，若過於認真到像是要把臉部照片看出一個洞來的去觀察、鑑別，反而會難以看透。為了即便是大略看過卻怎麼也看不出來的人，以下我們會舉出幾個具體的例子，請務必用自己容易分辨的做法來試試看。

理解了區域後，接著來看器官・部位吧。

自己最為擴張區域上的器官・部位特徵會比其他區域的器官・部位表現更突出。思考區擴張的人，額頭・太陽穴・眼睛會比鼻子以及嘴巴更為突出。只要掌握住區域、器官・部位的特徵，就能找出發揮自我的方法，能發現此前都沒注意到的強項。

三個區域類型有這些傾向

觀察臉部但不知道自己或對方是哪個區域的類型時，就用下方這張檢測表。符合項目最多的，就能判斷自己或對方是哪個區域的。

思考區

- □非常關心知識・文化
- □對流行很敏感
- □想像力豐富
- □有時會有幻想的傾向
- □用道理或邏輯來思考事情
- □理想主義／理想高遠
- □重視原因
- □會挑戰高出自己實力的課題
- □討厭被人命令
- □討厭不知道裝知道的人

情感區

- □會向對方尋求共鳴
- □想獲得認可的欲求強烈
- □有些部分會依喜好來決定
- □有時會欠缺客觀性
- □想愛人，也想獲得愛
- □喜怒無常
- □容易受到煽動
- □喜歡照顧人
- □重視公平性
- □對味道或聲音敏感

活動區

- □現實主義
- □會選擇往來對象
- □屬於成果主義者
- □有時欠缺想像力
- □擅長於設定現實性的目標或數值化
- □無法想像眼睛看不到的理想或遠景
- □對拍賣或折價有反應
- □喜歡吃美食
- □情緒容易受到空腹或睡眠不足所影響
- □手很靈巧，擅長製作東西

第四章

這些地方決定個性合不合

相同區域的人個性比較合

「與那個人才認識不久，卻莫名覺得意氣相投。」

「與那個人認識很久了，但就是合不來。」

在日常生活中，經常會有像這樣感覺與對方合不合得來的情況。性格相合不是由「年齡相近」「出身或興趣一樣」來決定的。即便有年齡差距，也有人性格相合，同時也有即便年齡相同，但卻合不來的例子。

關於合不合得來這點，也就是「為什麼與那個人很意氣相投呢？」「為什麼與那個人合不來呢？」相貌心理學可以明確地引導出解答。

要分析彼此的投緣程度，就要看「擴張的區域」。單只是看器官・部位，很難把握彼此的投緣度，但只要統合「思考區」「情感區」「活動區」三者來看，就能理解「為什麼與那人投緣／為什麼合不來」。

在三個區域中，各有不同的個性相合處。只要理解這些，溝通就能順利進行。

基本上，同區人的個性相合度會非常好。例如：

「思考區」與「思考區」

「情感區」與「情感區」

「活動區」與「活動區」

若彼此是相同區的人，正可以用「阿吽呼吸法」進行溝通，而且彼此思考事情的方法與欲求都很相近，所以相處起來不會有壓力。你是什麼類型的人，只要試著分辨一下與自己意氣相投的人、關係好的人，就會發現，應該很多都是跟你同類型的。

當然，兩個人並非因為知道「我們是同區域的，所以能相處融洽」，關係才變好起來。

可以說，這是因為「思考」—「思考」間的知識交流、「情感」—「情感」間的共鳴、「活動」—「活動」間交換了利用價值，能彼此提供・交換對方所需求的東西，才自然而然關係變好、交情變深。

那麼，要說不同區的人是否就合不來？倒也不是這麼回事。雖然或許不能像同區的人那樣順暢地進行意見交流，但依舊能構築起良好的關係。

我們可以用對方的長處來彌補自己的短處；相反的，也可以用自己的長處來彌補對方的短處……。可以說，正因為不一樣，才能夠折衷、讓步。

對此，在相貌心理學中理解彼此區域不同所產生的差異是最重要的。

接下來看一下不同區域的相合度。

思考區與情感區的人經常因誤會而漸行漸遠

思考區的人和情感區的人若在一起，溝通時經常會出現誤差或誤會。若情況愈演愈烈，就會讓人感到煩躁，或甚至根本不想對話。

思考區的人是理想主義者，擅長於利用想像力進行抽象的思考或表現。他們有著一大堆道理，若討論白熱化，有時就會發展成爭論。

情感區的人共鳴能力非常高，既重視自己的心情，也想跟對方分享。他們會體貼地為對方著想、很貼心。但另一方面，他們一旦情緒高昂起來，說話就會沒有脈絡，就思考區的人看來會覺得：「你是在說什麼？」

思考區的人用想像與道理進行思考並行動；情感區的人是用心情去感覺並行動。

就像這樣，思考區與情感區的人有著很明顯的差異。

就思考區的人來看，情感區的人很小孩子氣，看起來很不合邏輯。就情感區的人看來，思考區的人則是歪理很多，很難搞。

例如同樣支持的職棒球隊獲勝後第二天早上。職場中，情感區的人一開口就會對思考區人的同事這樣說：

情感區：「昨天我們隊也獲勝囉！」

思考區：「贏是贏了，但那是因為對方失誤。」

情感區：「就算是這樣，獲勝就是獲勝了。你不高興嗎？」

思考區：「實際情況並不太好，無法很坦率地表示高興啊。先發的年輕投手A連五局都沒堅持住。既然是職業投手，希望他能多用點大腦來打棒球。」

情感區：「反正贏了不就好了嘛。」

思考區：「不，應該要更縝密些的，這樣才能撐過長時間的球季。」

情感區：「如果是這樣，球看起來就不有趣了唷。」

那麼是否要說他們永遠都無法互相理解呢？倒也不是這麼回事。只要理解對方屬於哪一區，注意自己屬於哪一區，就能改變溝通情況。

自己若是思考區人，就別一邊倒的只講理，偶爾也要留心展現情緒。例如即便只是稍微說些「好高興」或是「好難過」等，就情感區的人看來，也能感受到你的人味兒，覺得：「這個人或許並沒有那麼冷淡」而改變對你的看法。

情感區的人情感就是一切，就好的意義上來說是很單純的類型。

只要改變表現，就能產生共鳴

就像這樣，只要向彼此走近，就能意見一致或產生出共鳴。

情感區：「昨天，我們的隊伍雖然勝利了，但卻是因為對方失誤，自取滅亡，所以還得更仔細小心些呢。」

思考區：「沒錯，但獲勝就是獲勝了啊。不過，每一名選手也都得更謹慎努力才行。」

情感區：「果然，若沒有先發制人會很辛苦呢。先發投手A雖然很努力，但連五局都投不到，控球還要練得更穩些。」
思考區：「可是他不錯喔。將來說不定會獲得十場以上的勝利。」
情感區：「沒錯。他很不錯呢。」
思考區：「喔！我們意見一致呢！」

自己若是情感區人，不要只是把腦中所想的都說出來，首先要深呼吸。請留意，將自己想說的話在腦中好好整理，像是什麼最重要？第二重要的是什麼？結論是……然後再說話。

這麼一來，就算無法像思考區人那樣思路條理分明，對方也能表示理解：「原來如此，他想說的是這些啊」「這個人也是有好好在思考的呢」。

思考區與活動區是最糟也是最強的組合

思考區人與活動區人的組合，是這三種組合中最不融洽的。

但是正因為此，卻也是最融洽的組合。因為兩者會互相補足對方所欠缺之處。

思考區的人是理想主義者，會澈底追求自己的理想。
活動區的人是現實主義者，比起理想，會澈底追求現實中能做到的事。
思考區的人與活動區的人若在一起就會開始對立競爭。一方重視理想，而另一方則只看重現實……。看的方向各有不同，兩者不會合而為一。
就思考區的人看來，活動區的人看起來鄙俗、欲望很深。就活動區的人看來，思考區的人就只是幻想世界中的追夢人而已。
下班回家時，在公司附近的居酒屋中，有兩名同事在把酒言歡。趁著喝醉的勢頭，思考區的人說出了將來的夢想。
思考區：「我這雖然是在說大話，但我將來想要獨立出來創業。」
活動區：「是這樣啊。你想做些什麼呢？」
思考區：「還沒決定。我想成為像賈伯斯那樣的創業家。」
活動區：「還沒決定要做些什麼嗎？（苦笑）那你打算什麼時候出來獨立創業？」
思考區：「這個嘛……快一點的話五年後吧。」
活動區：「為此，你有在做些什麼準備嗎？錢怎麼辦？」
思考區：「沒，我什麼都沒做。但我想著，為了獨立，就要出席各種活動以拓展人脈。總之，我要成為日本的賈伯斯。」

活動區：「……你最好還是要腳踏實地比較好喔。」

補足對方欠缺之處

這麼看下來，要靠近彼此感覺似乎不太容易。但是彼此的箭頭雖完全相反，擁有彼此所欠缺的部分也是事實。其實這樣正是互補對方缺點的關係。

思考區的人不擅長於現實性的思考與行動。若這部分由活動區的人來負責，就能獲得實現理想的方法。

就思考區的人看來，活動區的人是有名的輔助角色。只要認為對方是「能幫忙實現自己理想的可靠之人」，就會仰仗對方。

活動區的人不擅長抽象的思考。雖有能力處理現實事件，但他們無法想像理想圖像或未來景象。只要思考區的人利用想像力，就能將現實性的想法昇華成獨特又有個性的思考。他們會對思考區的人甘拜下風，認為「有想像力的人，所思所想果然很不一樣」。

只要像這樣靠近彼此，彼此的對話就能變得有意義。

思考區：「我將來打算獨立創業，所以現在會出席各種活動以拓展人脈。」

活動區：「這樣啊。你正在為了創業做準備啊。你想做些什麼呢？」

思考區：「我還沒有決定，但我想成為像賈伯斯那樣的創業家。」

活動區：「不論是要做什麼，最好還是瞄準一個確定的範圍比較好，而且也最好能學一下稅務與財務喔。」

思考區：「就是說啊。要讀一下那部分的書，學習一下呢。」

活動區：「你打算什麼時候獨立呢？」

思考區：「嗯——快一點的話五年後吧。」

活動區：「五年說長不長說短不短呢。從現在開始最好做個大致的時間表喔。」

完全相反的類型，若不做些什麼就不會一體化。不過，發覺到彼此是互補時，有時就會變成最厲害的伙伴。

情感區與活動區彼此互不關心

情感區的人與活動區的人在溝通上是平行線。若持續這樣下去，將不會有交集也不會重疊。

他們本來就不甚了解對方的事，因此也不會想去和對方扯上關係。

情感區的人喜歡將有趣的事、開心的事、覺得很棒的事和他人共享，是重視回憶更勝於事物的類型。

活動區的人喜歡有留下形體的事物，是重視事物更勝於回憶的類型。

就情感區的人看來，活動區的人一點也不有趣。相反的，就活動區的人來看，情感區的人只重視感覺卻不留下形跡，不知道他們在想什麼，是很奇妙的存在。

活動區的同事突然決定要到京都出差，他卻一臉提不起興致的模樣，所以情感區人就與他搭話，希望能提振他的心情。

情感區：「你要去京都出差啊？真羨慕呢。」

活動區：「但畢竟是去工作啊。頂多就是在回來的新幹線上邊喝啤酒邊吃便當而已。」

情感區：「既然這樣，就享受到最後一刻吧，只要搭最後一班車回來就行啦！」

活動區：「明天還有工作啊。」

情感區：「話是這麼說，但難得去一趟，就這樣回來也太可惜了。」

活動區：「我想早點回來，悠哉悠哉的過剩下的時間。」

情感區：「如果是我，中午就要去只有行家才知道的店家，吃知名料理，享受夜晚的京都，然後搭最後一班新幹線回來。」

活動區：「我是為了工作去的，可不是旅行喔。」

這樣看下來，兩人完全沒有交集。就算待在同一個空間裡，有時也完全不會交談，這一對組合就是會變成這樣。

但是，和其他相適度不好的組合一樣，只要理解對方，將自己的做事方法稍微靠向對方一點，就能靠近彼此。

努力找交集

例如，若情感區的人要向活動區的人說自己去了某個活動的話題，不要只說：「好開心，去了真好。」這類情感上的話，要試著從提到事物或有哪些好處的角度來展開話題，像是：「有賣這種商品喔」「能獲得這種好處喔」，或許活動區的人就會突然提起興致。

活動區人要跟情感區人聊天時，方法則與上述相反。因為彼此沒有交集，所以互不關心。但只要找到了交集點，就能意氣相投。情感區的人與活動區的人之間就是有著這樣的關係。

只要彼此靠近，就能消除誤會，就像以下這樣：

活動區：「難得去一趟京都出差，卻是當日來回。不知道有沒有什麼好玩或有趣的地方？」

情感區：「既然這樣，要不要去夜間點燈的寺院，然後坐最後一班新幹線回來？」

活動區：「但我明天還要工作，想早點回來呢。」

情感區：「話是這麼說，但難得去一趟，要不要試著到遠一點的地方去？對了，這間有晚上點燈的寺院附近有間只有老饕才知道的店喔。」

活動區：「那間店好吃嗎？」

情感區：「嗯！那裡的知名料理非常好吃唷，招待的小菜也是極品，是我去京都時一定會去的店。」

活動區：「時間上趕得及嗎？」

情感區：「從那間店到京都車站，坐計程車只要十五分鐘左右。」

活動區：「既然這樣，或許可以去走走。工作結束後去觀光，還真是一箭雙雕。」

希望大家絕對不要誤解的是，相貌心理學並非只是判斷彼此相適度好壞的學問。這學問是為了了解對方與自己，並在理解其中差異後，以更好地活用在溝通上。

區域若不同，將難以認識到對方的優點，因為那些是自己所欠缺的。從區域來理解自己欠缺但對方專有的優點，並逐漸接受、採納，就能縮短與對方的距離。

用這樣的溝通方式來應對對方的區域吧

自己是思考區時			
對方是思考區時	→	○	留心能刺激彼此知性上好奇心的話題（新聞、流行、對方不知道的知識等）。
		×	注意雙方都很強詞奪理，容易互爭上風或相互爭論。
對方是情感區時	→	○	不要一面倒的只說道理，留心要與對方交流自己的情感或共鳴來和對方接觸。
		×	注意不要進行用說理的方式、口吻來說服對方情感的對話・業務。
對方是活動區時	→	○	說話不要「道理→結論」，要從結論先說，要盡量具體且清楚。要留心考慮到對對方的好處來與對方接觸。
		×	注意不要一個人冗長地述說抽象的形象或腦中的理想論。
自己是情感區時			
對方是思考區時	→	○	在腦中先整理一下要說的話再說出口。注意不要強加自己的情感給別人，或過於尋求對方的共鳴。
		×	不太清楚對方的意見或知識時，表達出像是「真不錯呢」「請告訴我詳情」這樣的共鳴來與對方接觸。
對方是情感區時	→	○	若找到了共通點或共通的話題，要留心彼此的共同感受方式往來。
		×	若用主觀區分「喜歡・討厭」，在情感上很快就會出現衝突。

對方是 活動區時 →	○	比起與對方產生共鳴讓他開心，更要留心該怎麼做對方才會開心（是否有利）。
	×	盡可能簡潔說明談話中最重要的部分。注意不要強加自己的情感在對方身上。
自己是活動區時		
對方是 思考區時 →	○	留心與對方接觸時，既要尊重對方的想法，也要保持一定的距離感追隨著對方（現實化）。
	×	注意不要總是以現實性的・算計性的說法回覆對方的意見。
對方是 情感區時 →	○	即便只有一點，也要留心尋找與對方的共通點，無關乎利害關係，以表示在一定程度上理解對方好意與情感的方式來與對方相處。
	×	注意不要忽視對方的心情，或是只以有無好處、是否合理來做出判斷。
對方是 活動區時 →	○	因為兩人重視合理性・便利性的傾向一致，所以會生出相互的優點或加倍的好處
	×	彼此容易追求各自的利益，一旦兩人方向不同，彼此關係就會變冷淡，要注意。

第五章

更深入理解自己與他人

輪廓會表現出精力量

接下來是應用篇。

首先來看一下臉的輪廓。

輪廓所表現出來的就是精力量。

大致說來，人類的臉部輪廓可以歸納為以下四種：正四邊形、圓形、長方形及橢圓形。說得更簡單些，就是厚實形或細窄形。

別想得太深入，重要的是用直覺來判斷。

正四方形以及圓形臉的輪廓是「膨脹」；長方形以及橢圓形臉的輪廓是「縮小」。

厚實臉形的膨脹類型人有很多的精力、能量。

這種類型的人重視與周遭人相處的時間，「外向欲求」很強，期望多多與周遭進行溝通。

外向欲求就是將自己活動範圍往外擴張的欲求。他們會想多與人溝通，不斷增加朋友。

膨脹型人比較喜歡和許多人待在一起的時間，比較不太能忍受孤獨，有點容易感到寂寞。

另一方面，縮小型人的能量不太多。他們不會隨便使用能量，會主動選擇與限制溝通。

這種類型的人守護自我的防衛欲求，也就是「內向欲求」很強，不會排斥孤獨。

縮小型人比起勉強和不是自己選擇的人待在一起，會更重視一個人度過的時間。

輪廓會表出精力量

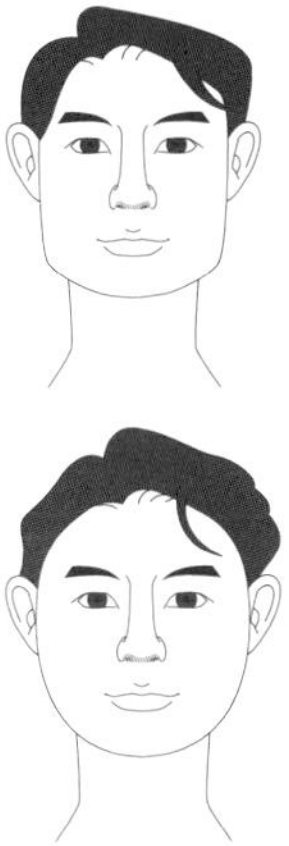

輪廓是正方形或圓形的膨脹型

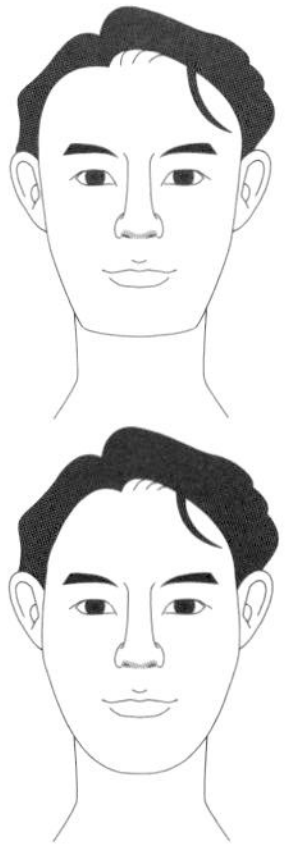

輪廓是長方形或橢圓形的縮小型

當然也有人覺得：「我的臉不屬於其中任一類型，是介於中間的」。日本人中比較多的是鵝蛋形，這類型人會均衡融入兩方的性質。能量值、精力量一般般，與人溝通的欲求也很一般。

相貌心理學不是非零即一百，所以當然存在中間值。順帶一提，鵝蛋形就專業來說，是稍微偏縮小型的。因此，覺得「偏中間值很無趣啊！」的鵝蛋形人，請將自己歸屬於縮小型中，並理解到：「若非要說，自己的傾向是屬於縮小型的。」

拿破崙難忍孤寂，織田信長則喜歡孤獨

關於輪廓，只要看一下歷史人物就會知道許多事。

幾百年前的人物有肖像畫，以下試著以該畫作有確實捕捉到本人特徵為前提來進行分析。

相貌心理學是來自法國的學問，所以先來看同樣來自法國的拿破崙一世。

說起拿破崙的臉形，他是四邊形的，也就是膨脹型的。拿破崙其實不喜歡孤獨，可以看出他不喜歡一個人獨處。

接下來看看日本的織田信長。

織田信長的輪廓細長，從這點可以看出他沒什麼能量，比起和周遭人進行溝通，可以說是比較喜歡獨處的類型。

與信長做對照的是千利休*。

只要看輪廓，就可以知道千利休是膨脹型，有很強的外向欲求。正是因為如此，能看出他有將茶道推廣給眾人的能力。若利休與信長同樣是細長的輪廓，比起將茶道推廣給不特定的多數人，他或許會進入自己的世界中，一個人窮其究竟的追求茶道。茶道的發展形式，或許就會與今日不同。

只要像這樣用相貌心理學去觀察，即便只從輪廓下手，也能窺看、得知過去歷史人物不為人知的形象。

*註：千利休，日本戰國時代茶道宗師，日本人稱其為茶聖。

容易做出職權騷擾的上司，以及容易孤立下屬的上司

膨脹與縮小這兩者，可以說是完全相反的類型。我們並不是要說哪種「好／壞」，而是要指出各自都有固有的傾向。

若上司與下屬間各是不同的類型，或許會出點小問題。

例如上司是膨脹型，而下屬是縮小型時，上司在體力與溝通上都有強烈的欲求，但另一方面，下屬則是相反。

在這種組合中，若下屬始終難以做出成果來時就要留心了。溝通欲求強烈的上司容易對下屬說出以下的話：

「這種程度的工作我都能做了，你應該也能做吧。」

「要是一天的業務量做不到五人分，那可是拿不出成果來的喔。」

他們容易有因為自己做得到，所以覺得對方當然也能做到的想法。雖然上司沒那個心，也會在不知不覺中給下屬增添壓力。一旦壓力增高，就會成為「職權騷擾」。

縮小型下屬的體力與溝通欲求都不多，取而代之的是，他們會去構築狹隘又深入的人際關係。他們很纖細，所以在溝通上也是既細緻又冗長的類型。他們會花時間與客戶建構信賴關係，可以說也「不會」忘記要簽訂重大合約。

只要膨脹型上司理解縮小型下屬有這樣的傾向，就不會把他們逼得太緊，反而可以用和善的目光守護他們。

與之相對的是上司是縮小型、下屬是膨脹型的例子。上司在體力、溝通上的欲求較少，但下屬則與之相反。

縮小型的上司警戒心與選擇欲求都很強，不會把一切都交給下屬。他們不太會尊重下屬的個性，而是一切由自己決定，甚至會瑣碎的叨唸下屬的一舉一動。這麼做會對膨脹型下屬形成壓力，成為擊潰他們向上心的主因。

若是這種組合類型，縮小型上司要事先鉅細靡遺的告知膨脹型下屬自己的方針或希望下屬遵守的重要事項，然後果斷地將事情交給下屬：「之後照你想做的去做就好。」體力與溝通欲求都很多的膨脹型下屬或許就會行動得如魚得水，做出相應的成果來。

另一方面，若溝通欲求強烈的膨脹型下屬在工作上想加強與上司的連結，而做出了涉及縮小型上司私生活的提問或行動時，就會造成一些困擾。縮小型上司會直接將膨脹型下屬看成是「粗俗的」「沒禮貌的」而拉開距離。

溝通欲求強烈的膨脹型下屬會動搖地想著：「上司是不是討厭我了？」受到不安的折磨。膨脹型的人經不起孤獨，因此會像這樣，在心理上被逼到窘境。

膨脹型與縮小型就像水與油的關係，但是，只要掌握住自己及對方是屬於哪一類型，就能避免溝通出現問題。

有無持久力的人的差異

嘴巴與輪廓之間的關連性很大。

輪廓所表現的是精力值。看一下與輪廓相較的嘴巴大小，就能知道一個人使用能量、精力的方式。

輪廓中嘴巴較小的人會調節著能量來使用，這表示那個人「有持久力」。同時，因為有持久力，所以也有累積壓力的傾向。

輪廓中嘴巴比較大的人消耗掉的能量會比擁有的還多。尤其是輪廓小但嘴巴偏大的人本來就會很快消耗掉能量，所以也很快會覺得累。

話說回來，即便是輪廓明顯又大的人，只要有著偏大的嘴巴，情況也是同樣的。他們會無節制使用擁有的能量，所以即便有能量，也會很快沒了氣力而感到疲憊。

有的人輪廓偏大而嘴巴小，有的人則是輪廓偏窄小但嘴巴大。這兩者明顯「能做的工作量」很不一樣。前者既有能量也有持久力，而後者則兩者皆無。

若要進行長時間或體力勞動，前者比較有可能順利進行。比起能力或技巧，這更是能量值與持久力的差別。

交代工作給下屬時，只要看一下輪廓與嘴巴的相關關係，就能做出更好的管理。例如若是輪廓狹窄偏小但嘴巴大的人，就能理解他「本來就沒什麼體力，一直使用能量很容易就會累」。若不得不進行長期間的工作時，就必須考慮體力量、留心管理加班以及假日出勤的時間表。

相反的，與輪廓相對，嘴巴較小的人，則能理解為是「有能量又有持久力，適合較長時間的工作」。這類型也能耐得住從早到晚的嚴酷勞動。

當然，這不是說因為他們耐得住就「都讓他們做就好」，他們容易累積壓力，要特別注意他們的精神面。只要看一下輪廓與嘴巴的相關關係，就能做出上述的理解。

重要的是，不論才能有多棒，若沒有能量或體力的支援，都無法大展長才。

創業家多是集中型，浪費的人多是應對型

與輪廓相較，嘴巴較大的類型除了會亂用能量、精力，還會亂用「錢」。

這類型人有浪費錢的傾向。即便錢包中只放了一萬日幣，只要一看到喜歡的皮包，就算價格是十萬日幣也會買。

如果你想結婚的對象是這類型人，就要注意對方會散財。

與輪廓相較，不止是嘴巴，眼睛、鼻子也大的人，在相貌心理學中，稱為「應對型」。他們傾向於對周遭的所有刺激都做出反應。

雖長於社交，卻非常在意別人怎麼看自己而行動。例如決定工作時，這類型人比起以自己想做的事為優先，會決定要去別人認為「好棒」的公司就職。

反過來說，輪廓中器官都集中在正中間的人，在相貌心理學中則稱為「集中型」。其最大的特徵就是眼睛、鼻子、嘴巴都很靠近中心。

他們態度冷靜，希望消耗最小的能量來獲取最大的利益，稍微有點利己主義的面相。創業家中就很多這類型人。

順帶一提，女性中較多應對型，而男性中則有較多集中型的傾向。

輪廓與器官間互有關連

眼睛、鼻子、嘴巴較之於輪廓都偏大的人是應對型

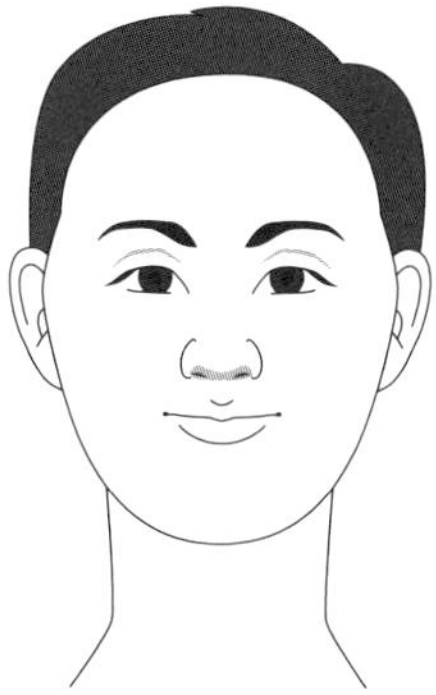

輪廓中，器官都集中正中間的是集中型

人臉並非左右對稱

將人體從正中央分成兩半時，雖然看起來一樣，但其實右半邊不會和左半邊完全一致。

臉的右邊與左邊也不是對稱的。

從非對稱的這一點來看，也能看出許多事。

以下是極端的模擬。將鏡子放在正中央，在只照出自己單邊臉頰的情況下來做比較，就能清楚看見非對稱的差異。若有正面的照片，善於使用電腦或手機的人，現在也能利用軟體或APP簡單分割出左右臉來。

結果，右臉與左臉是否一樣呢？還是不一樣呢？

其實沒有人的左右臉是完全一樣的。左右臉不一樣是很理所當然的。

這樣臉型的非對稱並非終生都是一樣的。

試著比較一下自己一年或兩年前跟現今的臉，很多時候都會發現，不是沒了非對稱的情況，就是臉部出現了改變。找出從前的照片，試著仔細與現今的臉做比較，就

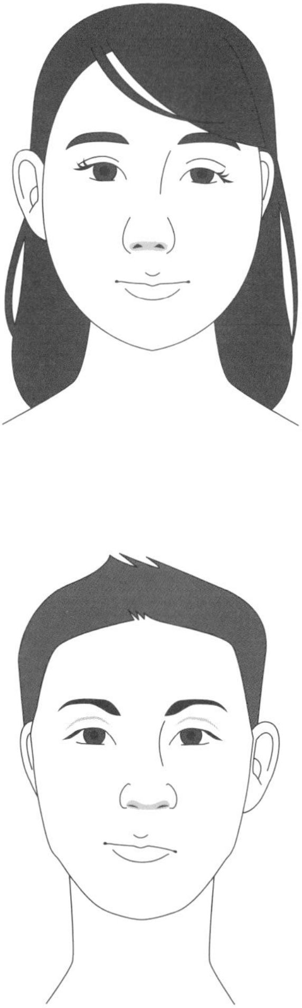

臉並非左右對稱的

能實際感受到非對稱的變化。

慣用手一側的臉表示現在，非慣用手一側的臉象徵過去

你比較喜歡左臉還是右臉？

在相貌心理學中，觀察非對稱時，會將臉從中央分成左右兩半。此時慣用手的一側就表示現在的臉，而非慣用手的一側則是表示過去的臉。

之所以會問「你比較喜歡哪一邊的臉？」是因為根據這個回答，就能知道，你自己的幸福意識是朝向過去還是現在。臉部的非對稱，顯示出了意識到幸福的方向。

比較喜歡非慣用手一側臉部的人，傾向於覺得「過去比較幸福」。相反的，喜歡慣用手一側臉部的人，幸福的意識則傾向於從現在到未來。

話說回來，雖說是比較喜歡過去的臉，但也不用悲觀的想著：「我是否執著於過去呢……」而是可以想想，對過去執著些什麼，與現在的自己又有什麼不一樣。

在工作上，現在和過去是那部分不一樣；在戀愛或私生活方面，則是這裡不一樣。單只是察覺到「原來如此，現在是這部分不足啊」，心情就會改變，而若能打造出相近的環境，就能再次實際感受到幸福。這麼一來，等回過神時，就會喜歡上慣用手一側的臉部了。

相反的，喜歡慣用手一側臉部的人，現今過得很充實，對未來懷有遠大的希望。即便過去遭受過很大的失敗，也不會一直想不開或後悔，能以「今後會發生好事！」的積極心情度過每一天。

非對稱會表現出自己所隱藏的意識

非對稱也能在器官・部位上看到，例如眼睛的高度。

眼睛高度有很大差異的人無法選擇出對自己而言最重要的事物。因為他們的意識很散漫，無法統整多個資訊與事情。因為散漫，所以左右就無法以相同的觀點來看事情，也可以說高度會改變。

鼻梁不對稱的人，看是朝向哪一邊就可以抓出意識的方向性。若鼻梁是朝向慣用手一側，那麼意識就是朝向現在以及未來。

相反的，若是朝向非慣用手一側的人，則意識就是朝向過去的。

喜歡現在的臉的人，鼻梁也多是朝向慣用手一側。如果是喜歡現在的臉，但鼻子卻是朝向過去的，分析上會稍顯複雜，有時是積極向前看，有時則會沒有膽量去行動或思考。

有人的鼻孔也是非對稱的。或許有人會吃驚的說：「什麼？鼻孔也有非對稱的？」但也是有人左右的鼻孔大小或形狀是不一樣的。這些人對於愛會很多慮。

再來看看耳朵非對稱的情況，從正面可以看到一邊，另一邊則看不到。慣用手是右手的人只看見右耳、看不見左耳時，表示這個人現在有比較旺盛的獨立心。相反的，只看見左耳卻看不見右耳時，這個人過去會比現在更強勢。

嘴巴非對稱的人，無法順利表達出自己的所思所想，又或者是不知道該怎麼表達。也有人臉頰肌肉的彈性是左右不同的。若只有慣用手一側的肌肉有彈性，可以理解成是，「以前雖沒有，但現在有了能克服問題的能力」。反過來說，若只有非慣用手一側的肌肉有彈性，則是「明明以前有能力可以克服難關，現在卻……」

下巴大小或形狀的非對稱是最需要注意的。下巴非常不對稱的人行動上很不安定。情緒爆發時，甚至會做出連自己都覺得很不可思議的事，像是「為什麼我現在會做這種事呢？」

觀察非對稱人性格・行動時的重點

若說要注意些什麼，光看非對稱部位就想判斷對方性格時恐怕會生出誤解來。例如有非對稱部位的人來應徵工作時，乍看之下發現對方的下巴非對稱。

「嗯，雖然給人的印象不錯，但非對稱，行動不安定啊。還是不要好了……」

像這樣來判斷就過於輕率了，或許對方的確是會有行動不安定的地方，但是在做出「不錄用」的結論前，希望大家可以看看他臉部肌肉的彈性。如果該人是「臉部肌肉緊實有彈性」，那就算發生問題，他也有能力克服，所以可以補足行動上的不穩定。

此外，與輪廓相較，若該人嘴巴較小，就能確實調節、使用能量、精力。然後還要看嘴巴閉合程度，若能緊閉，就有自制力。

只要像這樣觀察整體，即便下巴是非對稱的，也能導出這個人「是有錄用價值的人才」的判斷。

話說回來，若對方下巴非對稱、肌肉鬆軟、嘴巴就整體輪廓來說偏大而且還閉不緊，不論他有多高的學歷或多輝煌的業績，最好還是打消錄用的念頭比較明智。

從器官・部位的非對稱來看出性格・行動

眼睛	細微的非對稱→表示豐富的知性／兼備兩種願景 明顯的非對稱→無法確實整合・處理多數資訊／選不出對自己來說是必要的資訊
鼻子	鼻孔非對稱→對於愛，多有煩惱與憂慮
嘴巴	非對稱→無法用言語順暢表達自己所思所想
顴骨	非對稱→就像「雖喜歡也討厭」這樣，愛之中有雙重性
下巴	非對稱→情緒不安定，有衝動行動的傾向
與輪廓相較，眼睛較大	好奇心旺盛，對新資訊、流行很敏感／容易受到來自視覺的刺激
與輪廓相較，眼睛較小且深邃	意志力強／選擇欲求強、固執
與輪廓相較，鼻子較大	與他人溝通時態度寬容／有些粗心大意
與輪廓相較，鼻子較小	會妥善使用能量、精力，冷靜地達成自己的目標／有利己主義的傾向
與輪廓相較，嘴巴較大	行動上精力充沛／容易做出超過體力能負荷的事，所以沒有持久力
與輪廓相較，嘴巴較小	有持久力／容易積累壓力

第六章

透過分析，可以了解一個人的本質到這種地步！

把分析臉部當成武器

到本章為止，我們已經說過了相貌心理學的使用方式。只要用臉上的器官・部位、臉部區域、臉部輪廓三種看法進行綜合分析，就能掌握自己與他人的本質。

為了能實際應用相貌心理學，在本章中，將介紹現存及以往知名人物的臉部分析。即便是在各媒體上被認證過、個性廣為人知的有名人物也會有「其實他是那樣的人」「其實他還有這一面」的部分與傾向。各位在閱讀過本章後，若能再次體驗到相貌心理學作為應用科學的力量，認識其作為武器的強大，那就太好了。

和某個人接觸時，你會如何和對方溝通呢？一邊思考一邊讀下去，應該更會加深你的理解。

「可以用這樣的方式和這類型的人相處嗎？」

「只要看這裡，就可以知道這點嗎？」

透過觀察這些分析，就能掌握住與對方接觸方式的重點，成為分析自己周遭人士時的參考。

以下將介紹幾則事例。我們先來分析代表臉部三個不同區域——思考區、情感區、活動區——的知名人物。

不妥協的理想主義者……史蒂夫・賈伯斯【思考區】

想像力豐富、美感意識絕佳、重視邏輯、能從無創造出有……。

讓人感受到他就是滿足了思考區所有特徵的人——史蒂夫・賈伯斯。

我們可以從賈伯斯傾斜的額頭看出他的思考速度很快。他的思考通常都很確實且有邏輯，別人無法仿效。

賈伯斯統率的蘋果經常會製作出像是「iMac」「iPod」「iPad」「iPhone」這類革新型產品，要說這是由他發想力所支持著的也不為過。商品的設計之所以受到好評，就是來自賈伯斯出色的美感。

話說回來，因為理想過高而無法簡單獲得滿足也是賈伯斯的一項特徵。蘋果的各項商品到發售之前都要不斷接受他嚴峻的審核。

這類型人直到自己滿意為止都會不斷重複說「NO」。從正面看去，可以看到他的鼻尖是往下垂的，從這點就可以知道。

接受嚴厲的指謫，並讓蘋果員工不斷重新試作商品到幾近知難而退的地步，有著這些小逸事的賈伯斯是不接受妥協的理想主義者，或許可以說，也正是因為這樣，才培養出一批可謂狂熱的蘋果粉。

每次發售新商品時，賈伯斯進行展示已成了慣例，其演說的巧妙眾所周知。我們可以從他明顯突出的傾斜鼻梁看出，他能順暢將自己所思所想傳達給聽眾。

他的思考很敏捷、有邏輯，對於商品品質十分堅持。他的演講獲得了許多人的讚嘆。這些特質相加總後，使賈伯斯成了有超凡魅力的經營者。

從正面能看到耳朵，顯示出他獨立心旺盛；厚實的下巴展現出他有企圖心；有彈性的肌肉指出了他有能力克服任何問題。

從他的薄唇可以得知，因為過於公正，有時會帶著冷淡，說出的話有時甚至會成為傷人凶器。

他眼睛・鼻子・嘴巴的線條形狀都很細長，輪廓也偏小，所以有些過度的神經質。對待自己以外的人有些粗魯，有時會認為旁人無法澈底了解自己的纖細度。

賈伯斯也是縮小型人，所以不是重感情的類型。雖會豪不吝惜地對信得過的少數人付出愛，但對此以外的人，則是「不敢興趣」。

言出必行的完美主義者……羽生結弦【情感區】

驅動羽生結弦的馬達是情緒的爆發與情感的高漲感。

情感區中有耳朵，對刺激聽覺來說非常重要。粉絲的聲援會成為引燃火焰的藥劑，給予他更多的能量。

他之所以能在奧運那樣的大舞台上發揮出驚艷的表演，是因為將狂粉們的加油轉換成了自己的能量。他是只要有加油聲就能燃燒的類型。

大多數情感區人的特徵就是受稱讚後便會成長。愈是被人說「好厲害！」「好棒！」「天才！」情緒愈是高昂。情感區的人有時還會想著：「多說點！」等待著別人讚揚。他們愈被稱讚就愈會成長。

從偏小的輪廓可以看出他們沒什麼體力，這對運動選手來說很不利。但另一方面，他偏小的嘴巴能調節能量、體力的消耗，顯示出了有很高的持久力。

從旁邊看去，他從下巴到嘴巴的線條是一直線，形狀是呈向上升起的，同時從他緊實的肌肉可以看出，他的言行舉止總是很冷靜。在這分冷靜之下，情緒則如火焰般熊熊燃燒著。

一旦下定決心就會付諸行動。從他細長的眼睛、如要掩蓋住眼球的眼瞼以及側臉的形狀可以得知，他是說到就一定會做到的言出必行類型。

在他因為受傷卻不得不強碰的二〇一八年平昌奧運上，誠如他所宣告的，獲得了金牌。即便許多人都認為「情況嚴峻」，他還是拿出了成果，這都是因為他爆發出了「想獲勝」「想在奧運上二連霸」的情緒。創造感動全世界奇蹟的，就是羽生結弦這個人。

只要看到眼睛與嘴巴偏細小，就知道這是最為追求理想的完美主義者。即便是獲得了世界最高分，即便二度獲得了奧運金牌，若沒有實現他個人的理想，他就絕不會滿足。

說不定連金牌也只是順手拿下了而已。在他的心中，就有著如此高遠的理想。想實現理想的心情，成了他禁欲克己的原動力。

在與他人的溝通上，他也偏好狹窄又深遠的方式。比起跟不喜歡的多數人在一起，他比較喜歡和一位知心的好友或伴侶待在一塊兒。這一點可以從他細小的輪廓與深邃的眼睛中看出。因為屬於縮小型，所以是很耐得住孤獨的類型。

纖細的感受性表現出了脆弱與虛幻，可以說有著堅忍為理想打拚的強悍。

羽生結弦同時擁有這兩種極端表現的傾向，可以說，這就是他的魅力，應該也可以說是他擄獲女粉心的主要原因吧。

不知滿足的貪心現實主義者……可可香奈兒【活動區】

可可香奈兒這位女性是置身於華麗時尚世界中的超現實主義者。

時尚設計是要求美感意識、感性、想像力的職業，所以怎麼說都比較適合思考區的人。活動區本是現實主義者，而她則更是「超級」。她極度傾向於只相信物質上的利益，可以說因此才會在時尚的世界獲得成功。

以下來說明是怎麼一回事吧。她在做為設計師出道的二十世紀前半還是個女性進入社會工作很罕見的時代。除了富裕階層的人，講究的女性時尚還很少。

處在那樣的時代中，她所設計的時尚既有機能性又實用，因此很高尚講究，代表作就是「香奈兒套裝」。香奈兒套裝兼具此前沒有的機能性與實用性時尚，所以擄獲了多數女性。

為什麼可可香奈兒能做出改變世界的設計呢？因為她是現實主義者。此前，多數的女性時尚都不是能每天穿、設計優美，兼具機能性與實用性的。

她有著銳利的觀察眼光，可以看出世上女性所追求的是什麼。來自靈巧雙手的裁剪•縫製高超技術力，這些都是活動區人的特徵。而可可香奈兒就擁有這兩項能力。

利用想像力，做出脫俗的設計，同時掌握住市場需求，打造女性所需的時尚，可以說，這是唯有活動區人才能做到的。或許她正是從實用性走入設計的先驅。

誠如我們從她堅實輪廓上所能得知的，她有豐富的能量、很積極與他人溝通。大睜的雙眼表示她好奇心旺盛，從堅實的輪廓可以看出她很有精力，是位會拓展自己勢力範圍的女性。

觀察她呈一直線的臉，會知道她非常頑固。從她上揚的眼角可以得知，她完全不聽別人說的話。可以說，正因為她不會受到他人的影響，才使得香奈兒成為獨一無二、閃閃發光的時尚品牌。

她活力旺盛，討厭輸。一旦有所行動，就會強勢地異軍突起。那形勢就像是推草的推土機般，這一點可以從她有彈性的肌肉與側臉的形狀推測得知。

對活動型的可可香奈兒來說，有物質上、金錢上的安定才能有心靈上的安定，實際上會有些貪婪地去獲得財富。或許在她的字典中沒有「滿足」這個詞。也可以說，正因為是這樣有著貪欲的人才能打造出完全沒有一絲妥協的時尚品牌香奈兒。

掌握兩個重點

以上，我們看過了思考區、情感區、活動區的代表知名人物綜合分析。各位覺得如何呢？

或許有人能同意「果然是這樣呢」，相反的，也或許有人會意外地想著：「咦？是這樣嗎？」只要以相貌心理學為基礎來進行分析，就能知道一個人的傾向。

這樣做可以按下令對方開心的穴道；這樣做能避開對方討厭的地雷。所有人都適用，只要掌握這兩個重點，就能圓滑地與對方溝通。還有可能與對方形成、維持良好的關係。

例如若你是史蒂夫・賈伯斯的下屬，在提案新商品時，就要很有邏輯地去進行說明。情緒爆發或尋求共鳴的溝通很NG。

被提問時，若回答得含糊不清，不論是多優秀的創意，都只會被駁回，不知道的事就要坦率地說：「不知道。」

同樣的，若你是羽生結弦的教練，與他接觸時，就要用讚揚來提升他的熱情。若兩人已經建構起信賴關係，就要一對一的密切接觸，避免許多人吵吵鬧鬧的溝通。

又或者你是可可香奈兒的商業伙伴時，嚴禁在主題目標放入抽象事物或沒有放入數字。若沒有銷售額或利益成長的現實性內容，她就會避而遠之。

重要的是以表現在對方臉上的資訊為基礎，進行面對面極致細膩的應對。不習慣的時候或許會感到迷惑，但只要掌握住兩個重點，就能做出正確的溝通。

這樣的資訊是全球共通的。即便眼前說話的人使用著不同的語言，只要看臉，就能在瞬間得知「這個人原來是這樣的人啊」。

若你理解了相貌心理學，即便是與初次見面的外國人接觸，也能快速掌握住對方的性格與思考方式，並以此為基礎，正確進行溝通，如此一來，對方一定會感動的想著：「這個人為什麼這麼了解我呢？」若對方是來談生意的，毫無疑問，他一定會選你做合作伙伴。

直到最後都如油水般不容的查爾斯王子與戴安娜前王妃

接下來來看一下全世界人都認識的英國王室三對夫妻的契合度。為什麼這對夫妻能相互吸引呢？又或者為什麼無法相處融洽呢？請大家一邊思考這些問題一邊閱讀下去，就能看出這些組合的有趣之處。

若此處列舉出的知名人士與各位身邊的某人有著相同的性質，也可以將他們置換一下來閱讀。這麼一來，就能縮短與身邊的人距離，或是能成為加深感情的提示。

首先來看一下查爾斯王子與戴安娜前王妃的契合度。查爾斯王子是情感區，而戴安娜前王妃是思考區。

查爾斯王子屬於加速器的角色，而戴安娜前王妃則是煞車的角色。兩人雖能有效補強彼此的缺點，可是一旦齒輪偏移，就容易產生裂痕。這兩個人直到最後的關係都如不融的油水，無法填補之間的鴻溝。

查爾斯王子屬於情感區，敏感且感受性很纖細，容易從否定的面向來看許多事。

此外，做任何事都是由喜好來決定，他因為屬於情感區，所以都是由情感的動向來決定他的行動傾向。

查爾斯王子的溝通能力雖高，但從看不見鼻孔這點可以知道，很多時候他都是緊閉心房，不太會說出真心話。一貫會做表面功夫，卻有著強烈的欲求，是「希望有人了解自己」的類型（情感區是擴張的，所以由此可以得知）。從他細長的眼睛也可以知道他選擇的欲求很強。

如上所述，查爾斯王子是擁有複雜感情的男性。

從正面可見的耳朵以及厚實的下巴來看，他的獨立心與企圖心都很旺盛。可以說是會拉攏眾人的領袖，但他卻不擅長快速地拿出成果、專心致志地去做事，而且也不會朝向真正的目標走去。

努力支持著這般難取悅人物的，就是戴安娜前王妃。

她是思考區人，想像力很豐富。大睜的雙眼與纖細的眼線顯示出她是有旺盛好奇心的理想主義者。她傾斜的鼻梁表示獨立心強，擅長於將自己的所思所想正確傳達給對方。豐滿的肌肉表示有包容對方的寬容性，同時兼具適應環境的順應性。

戴安娜前王妃是擅長社交的女性，只要看她睜得很開的雙眼就能得知，她雖會很有毅力的收集想要的資訊，但也有固執於自己想法的頑固一面。此外，誠如「人不可能十全十美」所說，儘管她看似是十全十美的女性，但她的尖下巴顯示出，她在某方面對自己很沒自信，不太會說出真心話。雖有溝通能力，有時卻會猶豫是否要向對方表達自己的熱情。

正因為思考區的思考很有邏輯性，所以高遠的理想與沒自信的自我會互相衝突，容易受挫。這樣的糾葛會讓他們更加自責。

說到契合度，查爾斯王子慣用喜好來決定一切，經常喜歡掌握主導權。從他側臉的形狀以及他是情感區人這點來看，他是屬於出現問題後，透過改變狀況來提出解決方法的類型。

戴安娜前王妃雖有克服問題的能力，但因升起對自己沒自信的想法，很多時候，比起挑戰，會更願意選擇維持現狀。

查爾斯王子尋求共享情感，戴安娜前王妃則以理論邏輯來思考。兩人的溝通頻繁出現誤會，最後使得兩人難以攜手共度人生。

我們可以分析出，若兩人能彼此理解，就能補強對方不足之處而成為最適配的伴侶，可是一旦兩人間出現裂痕，雙方就都不會想靠近彼此，兩人間的關係就無法修復。

捨己支持威廉王子的凱特王妃

接著來看一下目睹過雙親不合的兩位王子與他們王妃間的契合度。我們不知道這是刻意還是偶然，兩人的王妃都和戴安娜前王妃一樣是思考區。兩位王妃都很知性、有絕佳的美感、有崇高的理想，而且思考都很有邏輯。或許英國王室的男性就喜歡這樣的女性吧。

一開始先來看威廉王子與凱特王妃。威廉王子是活動區，凱特王妃則是思考區。只要雙方找出對方的長處，認可互相的利用價值，就是最適配的伴侶。

從鼻子的形狀看來，威廉王子是超完美主義者，任何事都非得要拿第一不可。若自己不是第一，就會覺得受挫。

他的輪廓、五官線條細長，可以看出其感受性非常敏感。從眼睛上部的鼓起得知他有銳利的觀察眼光，從山根的凹陷處可以看出他好批評。

細長的輪廓與過度突出的下巴，顯示出他會傾盡一切去愛自己所選擇的人。有時這對於對方來說，也可以說是強加給對方的。

從他細長的眼睛可以一窺選擇欲求強烈，經常會選擇有最大限度利用價值的人。能滿足威廉王子這種欲求的就是凱特王妃。對威廉王子來說，她可以說是最棒的女性。

凱特王妃是思考區的，有豐富的知性與好奇心，也是想像力豐富的理想主義者。從她厚實的下巴可以看出，她的企圖心也很旺盛。

她的肌肉豐腴又有彈性，有著對問題的抗壓力、忍耐力、持久力，是能堅韌地確實實現所描繪理想的女性。從沉穩的輪廓與肌肉的豐腴度可以看出，她也有絕佳的寬容性、適應性而且擅長外交，能與他人圓融地進行溝通。

英國王室的環境很華美，對凱特王妃來說，是能滿足其知性上好奇心與理想的絕佳場所。威廉王子提供了凱特王妃這樣的環境，對她來說，可謂是最佳的伴侶。

這兩人若能相處融洽，都是拜凱特王妃的努力之賜。威廉王子經常都要當第一名，面對他的任性，凱特王妃都能接受。她的大度量，可以從輪廓所表示的耐久力以及肌肉豐腴有彈性看出。

凱特王妃能理解威廉王子的性格是要握有主導權、認為「凡事都想自己決定」，有時會順從他，有時則是在私底下協助他，順利誘導他前往他想去的方向。

若是發生問題，實際上掌舵的會是凱特王妃。不論遭遇什麼樣的困難，都是靠著凱特王妃的活力以及聰明機智來克服難題。凱特王妃高漲著「實現所想之事」的熱情，而這分熱情正能帶來最好的解決方法。

威廉王子是縮小型，沒什麼體力而且感受性過於敏感，並沒有如凱特王妃那樣的度量。只要凱特王妃支持著威廉王子，這兩人的關係就會持續下去。

構築出專屬兩人世界觀的亨利王子與梅根王妃

如今，亨利王子與梅根王妃的一舉一動都受到全世界的矚目。亨利王子是活動區，而梅根王妃是思考區。

只要看一下亨利王子挺直的額頭，就會知道他是深思熟慮型。從他側臉的形狀可以知道，他對自己深思熟慮後做出的決定很有自信，不會受到他人及環境的影響，因此，他的思考有些偏頗、欠缺柔軟性，容易變得頑固。

亨利王子也是縮小型，所以能量本就少，會極力省卻無謂的行動。與他的哥哥一樣，他有很強的選擇欲求，是什麼都要自己選擇才會感到滿足的類型。

面對愛情時，他似乎心懷糾葛，無法獲得自己期望中的愛情。這應該是與他幼少時期與母親戴安娜前王妃分開有關。因為是縮小型，他能忍受孤獨，有時在與他人的溝通上會築起心牆，是不太會將自己所思所想告訴對方的神祕主義者。

梅根王妃是思考區，有旺盛的好奇心。下巴厚實又大，雙手很靈巧。看一下她豐腴有彈性的肌肉，就能看出她充滿活力。如膨脹形特有的沉穩輪廓與肌肉所顯示出的，她的溝通能力很高，是和誰都處得來的類型。

她的下巴呈一直線向上揚起，所以很頑固。一旦決定的事，就不太會改變自己的意志。

雖然能順利將自己的所思所想傳達給他人，但從正面看不到鼻孔這點來說，很多時候她都將真心深藏起來，也有神祕主義的傾向。沉穩的輪廓可以看出，在愛情面上，她難耐孤獨。如南瓜般厚厚的鼻頭形狀可以看出，她的占有欲很強，有時會貪得無厭。

亨利王子能耐得住孤獨，在自己的世界觀中活得自由奔放，而梅根王妃則渴求許多的愛。本來這兩個人是完全沒有交集的。

或許亨利王子憧憬著梅根王妃有著自己所沒有的社交性、寬容性、活力，以及有著能有計畫進行所有事的能力。

梅根王妃也是，或許她會覺得只給自己愛的純真亨利王子能滿足她的占有欲吧。梅根王妃占有欲很強烈，和亨利王子一直以來渴求愛情的心情很相合。

雖然兩人都不太會對彼此說出真心話，但因為信賴關係而穩固結合，構築起只有兩個人的獨自世界觀。若照這樣發展下去，有時會給周圍帶來極其不好的影響。

「似近又遠，既遠又近。」

兩人的契合度不差，但對於本來所渴望的欲求卻不一樣。一旦一個齒輪失控，性情較為激烈的梅根王妃以及會在與人的溝通間築起高牆的亨利王子之間，關係或許就會變得脆弱至極。

好惡分明的伊莉莎白女王

此前我們已經看過了三對夫妻的契合度，現在來看一下親・子・孫三代。或許從伊莉莎白女王開始接連著下來親子三代的彼此契合度，能一窺讓全世界騷動的亨利王子脫離王室問題本質的一角。

首先從分析自一九五二年即位已經在位將近七十年、掌握著主權的伊莉莎白女王個人說起。女王最為擴張的地區就是情感區。從這一點可以看出她判斷事情的基準在於好惡，此外，偏長的膨脹形輪廓可以看出她所有事都想自己選擇的欲求很強烈。

在溝通中，女王是好惡非常明顯的類型。由她眼光所選出來的偏好對象，她會不遺餘力的愛對方，但對於不喜歡的人，她會用自己高度的研究力找出對方的缺點，傾向於強烈批判。她兩眼間狹長的形狀表示出容易有固執在一件事上的傾向，更加強了她的批判性。此外，從她偏細小的輪廓可以看出，相較於很快忘記仇恨或厭惡，她是會耿耿於懷的類型。

豐富的肌肉則可看出她有寬容性、順應性很高。從細小的輪廓以及深邃的眼睛可以知道，她只會待在自己所選擇的環境內。她雖會渴求與他人有所共鳴或分享情感，但那也限定為她自己選擇的對象。比起不特定多數，她比較喜歡經過不斷精挑細選後選出來的少數人。

從表現出挺立形狀的顴骨可以看出，她是會仔細思考的深思熟慮型。從嘴巴到下巴的傾斜可以知道，她在思考到一半時不禁就會做出行動，對如偷跑般搶先在前的自己的行動，在之後會有後悔的傾向。

觀察她厚實的下巴，可以知道她企圖心旺盛，也有很高的能力可以克服眼前的問題與困難。

總的來說，她雖同時擁有寬容性、順應性，但只會發揮在她選定的對象與環境內，屬於內向又保守型。

不同區的組合也能相處融洽

伊莉莎白女王與查爾斯王子同是情感區，兩位王孫都是不一樣的活動區。

以伊莉莎白女王為主，我們來看一下他們彼此的契合度。

首先是親子關係。伊莉莎白女王與查爾斯王子兩人都是情感區擴張型。這兩個人彼此都尋求感情的共鳴、共有，甚至能共享，可以說契合度非常好。話說回來，他們彼此本來就對對方心懷好感。

他們的共通點是以好惡來作為判斷事物的標準。有著容易固執於一件事上的傾向，最喜歡批判・批評。兩人的選擇欲求十分強烈，所有事都非得要自己選不可，而且尋求認可的欲求也很高。

伊莉莎白女王後退一步以尊重想握有主導權的查爾斯王子時，兩人能保持良好的關係，但若女王的承認欲求勝過了查爾斯王子的承認欲求時，在兩人誰也不讓誰的情況下，隨著情緒的高漲，事態會變很糟，變成再也無法修護的關係。視伊莉莎白女王的行動而定，這兩人的契合度可以是最佳也會是最糟的。

接下來看伊莉莎白女王與王孫威廉王子。就像這兩人最為擴張的區域是情感區與活動區一樣，兩人的個性也大不同。這個組合在溝通上動不動就會產生誤解，但威廉王子會去迴避這個問題。

威廉王子觀察人事物的眼光非常銳利，而且精明。他能運用想像力，將眼前的現實作為基礎，膨脹各種可能性，能知道伊莉莎白女王想要什麼、只要讓她滿意了就能隨自己所想去行動。

伊莉莎白女王是情感區，有著需要受到對方喜歡、需要的強烈承認欲求，只要滿足於認為自己是被威廉王子所愛著的，大致上的事情都不會過於在乎。這一點，威廉王子應該是了然於心的。

伊莉莎白女王是亨利王子的絕佳理解者

接下來看伊莉莎白女王與亨利王子，這對組合也是情感區與活動區。不過伊莉莎白女王是尋求與對方共有情感，而亨利王子是活在自己的世界觀中，兩人追求的價值觀大為不同，難有交集，契合度絕說不上是「好」。

話雖這麼說，但伊莉莎白女王與亨利王子都是會仔細、深刻思考的深思熟慮型。這兩人擁有共通的思考傾向，即便彼此的價值觀沒有交集，在一起時也都會感覺很舒服。

伊莉莎白女王莫名的比誰都喜愛與自己相似的亨利王子，而亨利王子也是莫名的認為女王並不討厭。因為伊莉莎白女王能對在愛情面上懷有糾結的亨利王子有共鳴，且能包容對方。

不過伊莉莎白女王認為，「自己的幸福對對方來說也是幸福」，所以有容易強加自己情感給對方的傾向。而亨利王子不喜歡受到別人的干涉，與他人溝通時會保持距離，所以對亨利王子來說，有時會覺得女王的愛是個沉重的負荷。

雖然兩人契合度不佳，但在某些地方又很相似……。兩人的關係有時與絕配只有毫釐之差。

以伊莉莎白女王為起點，將相貌心理學作為基礎來看王室成員的關係，就能看出他們各自懷有的問題以及今後會有何發展。

「會做出這種決定是因為有這種傾向啊。」

「因為有這樣的關係性，才會出現那樣的結果啊。」

從相貌心理學來看，連發生事情的原因都可以說明清楚。以上，我們看過了英國王室成員的情況，只要試著去分析你周遭人的臉，就能掌握住當時他做出那種行動的原因，並預測出今後他的行動以及關係性。

掌握對方的臉部變化來進行溝通

相貌心理學者會組合各式各樣的要素來進行分析，有時會呈現出連本人都沒注意到、專屬於那個人的特徵。在英國王室的分析中，我們的論述以成員間的契合度為主，但這方法也適用在商業場合上。

不論優缺點都是一個人的個性，都與那個人的本質有關。

包含自己在內，只要知道這些，就能知道怎樣的溝通方式是能讓彼此可以暢所欲言的。至少比起什麼都不知道，更能進行良好的溝通。

再重複一遍，臉是會改變的，因為內心會改變。

「肌肉變豐腴了／消瘦了呢」

掌握對方的臉部變化，然後遵循此來進行溝通，對方應該會感謝又感動於你察覺到了他的變化，這麼一來，就能維持長久的良好關係了。

用對方的長處來補強自己的短處

人不可能獨自一人活下去，這不僅限於經營公司，在私生活上，要做些什麼也都需要有一起行動的人。

若只看契合度，同一區的人一起行動會比較順利。話說回來，在同一組織中，也會有人是和自己不同區。即便是不同區，只要能互相截長補短，對兩者來說都是加分。

這時只要和能夠補強自己缺點，或是對方有著自己不具備的強項組隊，工作就能順利進行。

例如自己是創意豐富的思考區，只要和擅長將想法順暢傳達給許多人的情感區，或是能引導出實現方法的活動區人組隊，工作大多能順利進行。

若是情緒起伏大的情感區，或許可以去尋求總是冷靜、邏輯思考的思考區，或是擅長設定實際目標的活動區為伙伴。

若是沒有好處就不想出手的活動區，只要和喜歡挑戰超出自己實力以上難題的思考區，或是所有事都樂在其中去做的情感區組隊，就能帶來好結果。

若你本身是處於上位的立場，就必須能看出誰和誰組成一隊能讓工作順利進行；相反的，誰和誰組成一隊又無法順利工作。即便自己不是處於上位，只要組隊的人擁有自己所欠缺的優點，就能獲得相乘的效果。

「那個人能補強自己的弱點。」

「我可以給那個人後援。」

只要像這樣認識到自己與他人的強項／弱點，所有人都能獲得超乎想像的結果。

即便是大致理解了相貌心理學，若無法實際活用習得的知識也是白搭。不論是工作還是私生活，要能活用習得的知識才能說是學到了。

為了能澈底活用相貌心理學，我們準備了書末的資料。今後，相貌心理學一定也能有助於你。

結語

謝謝各位閱讀到這裡。

不是要配合對方，而是要知道自己與對方的類型做出恰當的應對——這就是立基於相貌心理學的溝通。

只要理解眼前的人是什麼類型、有什麼樣的特徵或傾向，自己的心就能從容不迫。積極去做該做的事，相對的，絕對不要去做不該做的事……，只要這樣，溝通就能進行得順利無礙，彼此間的關係也會變好。

像是工作及私生活等在日常生活中會使用到相貌心理學的情況有很多。澈底看透對方是什麼樣的人，只要做出會讓對方喜歡‧表示出友好反應的溝通，你就能成為人際關係上的高手。

不論你喜不喜歡，全球化都在日益發展中。若能活用相貌心理學這個超越語言的溝通工具，就能與他人構築起良好的關係，組織的經營也能順利運作。

本文中也介紹過，前來研討會聽課的人只在短短三個月內，臉部就出現了變化，戲劇性的成功改變了人生。「只要臉改變，人生就會改變」，這件事是真的。作為相貌心理學者，我看過了許多人都因此而讓人生好轉起來，所以此後也一心想幫大家這個忙。

首先要先發制人——。

「不知道就真的太可惜了。」

正因為這樣想，所以我才希望大家能早些理解並活用這個許多日本人都還不知道的、具實踐性的學問。若能實踐，一定會有效，還能獲得許多好處。

此外，閱讀了本書的讀者，若想更詳細知道關於相貌心理學的知識，可以參考以下網址（以下網站皆為日文）。

・首頁 http://a-cura.net/seminar/
・ＩＧ帳號 bouzon_san
・推特帳號 ouzontakako

法國是相貌心理學的起源國，在路上隨機詢問路人是否知道這門學問時，幾乎所有人都回答知道，若是有哪一天，在日本的街頭問路人：「你知道相貌心理學嗎？」的時候，有很多人都會回答：「嗯嗯，知道喔」。作為努力使相貌心理學普及於世的其中一本著作，我將無比開心。

我自己在遇見相貌心理學後，人生就出現了大轉變。這次輪到各位了。

我期望各位的人生會變得更好。

佐藤布忠貴子

書末資料一　只看臉卻無法看出區別時，用這些問題看透三個區域

Q「你選擇現今這分工作的理由是什麼？」

A「為了實現自己的夢想」

「因為這分工作能活用自己所擁有的知識與技能」

⬇顯示出是在追求理想或是以自己的知性為優先 …… **思考區**

A「因為這分工作能與顧客共享喜悅」

「因為這分工作能幫助許多人獲得幸福」

⬇顯示出自己的情感與對方有所共鳴 …… **情感區**

A「因為薪資福利很好」

「因為可以拓展人脈、人際關係」

⬇顯示出具體的好處 …… **活動區**

Q「從挫折或失敗中學到了什麼？」

A「將為何會發生問題的原因『可視化』之重要性」

「能對自己設定更遠大的目標」

⬇用原因、道理或理想來解決問題的說法……思考區

A「自己一個人什麼都做不到」

「同伴的支援會成為自己的力量」

⬇提及他人存在的重要性……情感區

A「不要有勇無謀地去追夢」

「別去做不習慣做的事」

⬇說得很實際、很嚴肅……活動區

Q「座右銘／喜歡的話是？」

A「敬天愛人」

「天在人之上不造人，天在人之下不造人」

⬇說得很理想主義……思考區

A「笑門福來」

「冬天總會過去，春天總會來」

A

「賺錢只是為了能活下去」

⬇說得很爽朗積極 …… **情感區**

「不會發生無法解決的問題」

⬇說得很切合現實 …… **活動區**

Q「覺得十年後會變得怎樣？」

A

「或許會成為總經理吧」

「開創新事業，發展到國外去」

「結婚，然後和伴侶、小孩一起幸福的生活唷」

「工作、家庭、朋友關係都發展順利，每天都過得很快樂喔」

⬇把妄想說成是理想 …… **思考區**

A

「就實績上來說，應該會成為現任公司的課長一類吧」

⬇述說自己的心情或是與他人的關係性 …… **情感區**

「或許薪資會加到〇〇日幣以上吧」

⬇說得很具體 …… **活動區**

Q「休假日都在做些什麼呢？」

A「主要都是在讀書」

「去看畫展，或是去看電影」

⬇提到藝術或是知性上的興趣……**思考區**

A「和家人一起度過」

「和朋友一起去做志工」

⬇敘述著和某人在一起……**情感區**

A「使用折價券去餐廳等等」

「做感興趣的ＤＩＹ、家庭菜園……還有就是熱衷於下廚」

⬇具體陳述在物理性上、金錢上有好處的事，以及製作飲食或器物有關的興趣等……**活動區**

書末資料二　三個不同區域，掌握對方心靈的片語集

提案的內容很好時

若對方是 **思考區**

⬇「這提案內容很完美、很理想」

⬇「你的知識與創意很有用呢」

若對方是 **情感區**

⬇「我對你的提案很有共鳴。我想，所有聽過的人大家應該都很滿意」

⬇「這麼棒的內容，還真是只有你才做得出來呢」

若對方是 **活動區**

⬇「預算跟銷售目標都很具體，很實際」

⬇「一針見血的統整出好處來，很有說服力」

褒揚做出成果來的下屬時

若對方是 **思考區**

⬇「真希望你能教我成功的祕訣啊」

⬇「我想，如果是完美主義的你一定會成功的」

若對方是　**情感區**

⬇「大家都在誇你呢」

⬇「幸好我有把這件事放心交給你做」

若對方是　**活動區**

⬇「下次的重要職務一定垂手可得」

⬇「銷售成績就說明了你的業務能力是最好的」

勸慰失敗的下屬時

若對方是　**思考區**

⬇「智者千慮，必有一失啊」

⬇「這不是失敗，而是一次學習，是在提升技能喔」

若對方是　**情感區**

⬇「你的失誤也是我的失誤。我們一起加油吧」

⬇「幸好你是我的下屬」

若對方是 **活動區**

⬇「你的失敗，讓我們清楚知道了需要改善的地方」

⬇「再次修正成本，下次就以此前的數字為目標吧」

交付工作給下屬時

若對方是 **思考區**

⬇「這件工作務必要交給有高度專業意識的你來辦不可」

⬇「我認為，這是能完全發揮你知識與才能的機會喔」

若對方是 **情感區**

⬇「這分工作只能交付給你了」

⬇「我認為這是能讓大家認可你的好機會喔」

若對方是 **活動區**

⬇「這分工作的銷售額會直接與評價相關連喔」

⬇「這次工作的經驗以及人脈會給你帶來很大的好處喔」

想獲得別人建議時

若對方是 **思考區**

⬇「我非常想藉助你豐富的知識」

⬇「我學識不夠、不清楚，可以請你教我嗎？」

若對方是 **情感區**

⬇「正因為是你，我才想問你的建議」

⬇「我聽大家說，若是你，就一定可以幫上我的忙」

若對方是 **活動區**

⬇「我會支付報酬，可以一起吃飯一邊商量一下嗎？」

⬇「我想，我們談話的內容一定也會給你帶來好處的」

想和客戶簽訂合約時

若對方是 **思考區**

⬇「請讓我幫忙實現貴公司的理想」

⬇「我們公司一直都是放眼未來的，讓我們來訂定一個美好的未來吧」

若對方是 **情感區**

⬇「能幫上貴公司的忙是我的榮幸」

⬇「所有的不安與憂慮都希望能和您一起解決」

若對方是 **活動區**

⬇「這些全都是貴公司的好處，所有麻煩事都會由我們這裡全權處理」

⬇「再沒有這麼好的條件了。您可以去和其他公司比較看看」

溫和拒絕提案時的開場白

若對方是 **思考區**

⬇「敝社的實力實在還追不上貴公司所揭櫫的理想」

⬇「真的只能說非常感謝您的見解與指教」

若對方是 **情感區**

⬇「我個人對這內容非常有共鳴，但是……」

⬇「再沒有比〇〇先生這麼棒的提案了，但是……」

若對方是 **活動區**

⬇「我們是考慮到了貴公司的利益……」

⬇「不好意思要直接說結論……」

為工作上的失誤賠罪時

若對方是 **思考區**

⬇「我用報告書統整並寫清楚了這次失誤的原因」

⬇「我回歸原點，列出了自己的弱點與盲點」

若對方是 **情感區**

⬇「給○○先生添麻煩了，真是不好意思」

⬇「我違背了所有相關人士的期待，很抱歉」

若對方是 **活動區**

⬇「失誤的原因是○○，我會在○日前解決」

⬇「我方的失誤會用金錢來做補償」

向對方道謝時

若對方是 **思考區**

⬇「謝謝您一直以來的照顧，今天想招待您去那間蔚為話題的餐廳」

⬇「我想，這分物品的好也只有○○先生您懂了」

若對方是 **情感區**

⬇「我們想舉辦只招待朋友的派對，所以希望能邀請到○○先生來參加」

⬇「我想把這有著芬芳香味的花送給○○先生」

若對方是 **活動區**

⬇「我要招待您去米其林三星店」

⬇「這是那個名牌的限定商品」

書末附錄三　不同的三個區，知道／活用自己強項的習慣

思考區

・接觸藝術、美術・多讀書・做調查／研究
・進行創作活動・沉思・觀察社會、流行・高舉理想
・投入視覺圖像、設計・發掘新事物
・開發世上沒有的商品／服務

情感區

・仔細聽人說話・稱讚對方・工作與私生活兼顧
・體貼、照顧人・沉迷於喜歡的事物中
・率先去做有趣的事・對所有人都很親切・聽音樂
・統整團隊、組織・鼓舞沮喪的人

活動區

・與許多人來往・進行口耳相傳、宣傳的活動・不斷進行嘗試
・積極著手解決問題・冷靜判斷
・賦予自己與利益有直接相關的課題・追求便利性・介紹人
・動手ＤＩＹ・講究美食

書末資料四　三個不同區域適合的職業

思考區

- 設計師・創作者・作家・畫家・演出家
- 記者／寫手・棋士・研究者・法律家・教員
- 飛行員／領航員・時事評論員・美容師／美甲師
- 程式設計師・公司創業家

情感區

- 心理諮商師・引導者（Facilitator）・專員
- 講師・訓練員・治療士
- 領隊・管理人・導遊・口譯
- 「幼兒園」或「托育中心」的專職人員・護理師・演奏家・銷售員・房務

活動區

- 顧問・會計師・理財規劃師
- 經銷商・銀行家・保全・工程師
- 維修員・工藝家・農夫／漁夫・廚師／甜點師
- 營養師・美容師・寵物美容師・打版師

書末資料五　查找！有這些傾向的人臉上有明顯的特徵！

（覺得自己或周遭人的行動很奇怪，不解「為什麼會做這種事呢？」時，來觀察一下臉吧。臉上會有那人有哪些傾向的提示）

・專注在一件事上
要看哪裡呢？→眼睛→雙眼間狹窄

・有能力解決需要思考的問題
要看哪裡呢？→太陽穴→太陽穴呈一直線

・有能力解決需要實際行動的問題
要看哪裡呢？→肌肉→肌肉有彈性

・能自制
要看哪裡呢？→嘴巴→嘴巴緊閉

・思考速度很快
要看哪裡呢？→額頭→額頭傾斜

・思考事情會深思熟慮
要看哪裡呢？→額頭→額頭呈一直線

・積極正面思考
要看哪裡呢？→嘴巴→嘴角上揚
・有自信
要看哪裡呢？→下巴→下巴厚實
・能和所有人順暢溝通
要看哪裡呢？→肌肉→肌肉豐腴
・很會稱讚人
要看哪裡呢？→嘴巴→嘴唇厚
・常聽人說話
要看哪裡呢？→眼睛→眼角下垂
・解決問題的能力不足
要看哪裡呢？→肌肉→肌肉沒彈性
・無法專注在一件事上
要看哪裡呢？→眼睛→兩眼間距寬
・不太能自制

要看哪裡呢？ ↓**嘴巴**↓嘴巴開開

・有強烈的妄想傾向

要看哪裡呢？ ↓**額頭**↓額頭豐滿

・容易陷入苦思冥想中

要看哪裡呢？ ↓**太陽穴**↓太陽穴大為凹陷

・容易侷限在常識中

要看哪裡呢？ ↓**太陽穴**↓太陽穴凹陷

・容易妥協於現狀

要看哪裡呢？ ↓**耳朵**↓從正面看不見耳朵

・思考負面消極

要看哪裡呢？ ↓**嘴巴**↓嘴角下垂

・沒自信

要看哪裡呢？ ↓**下巴**↓尖下巴

・只和特定的人進行溝通

要看哪裡呢？ ↓**肌肉**↓肌肉量薄、少

- 有話直說
要看哪裡呢？→鼻子→看得見鼻孔
- 說得正確但口氣很冷淡
要看哪裡呢？→嘴巴→唇薄
- 不太會說出真心話
要看哪裡呢？→鼻子→看不見鼻孔
- 希望受重視
要看哪裡呢？→顴骨→顴骨高
- 不善於表達愛
要看哪裡呢？→嘴巴→嘴巴不對稱
- 不太接受他人意見
要看哪裡呢？→眼睛→眼尾上揚
- 容易聽信他人意見
要看哪裡呢？→眼睛→眼角下垂
- 追逐潮流

要看哪裡呢？→眼睛→眼睛大睜

・粗枝大葉且粗魯

要看哪裡呢？→鼻子→鼻梁粗

・自我中心

要看哪裡呢？→鼻子→與輪廓相較，鼻子較小

・心情變化快

要看哪裡呢？→鼻子→鼻梁有結

・情緒起伏激烈

要看哪裡呢？→肌肉→肌肉凹陷

・思考有邏輯

要看哪裡呢？→擴張→思考區

・有絕佳的美感

要看哪裡呢？→擴張→思考區

・面對自己實力難以解決的問題時很快就會放棄

要看哪裡呢？→擴張→思考區

・喜歡誇讚人也喜歡被誇讚

要看哪裡呢？→擴張→情感區

・喜歡說些彼此能有共鳴的話題

要看哪裡呢？→擴張→情感區

・有時容易感到寂寞

要看哪裡呢？→擴張→情感區

・能嚴格判斷事物派不派得上用場

要看哪裡呢？→擴張→活動區

・很愛錢

要看哪裡呢？→擴張→活動區

・一肚子餓，心情就會變差

要看哪裡呢？→擴張→活動區

書末資料六　在器官・部位、區域、輪廓上有特徵的知名人士

眼角上揚的名人：陳美齡／柴崎幸／片岡鶴太郎／松田翔太
眼角下垂的名人：內館牧子／鈴木亮平／平井理央／江成和己

眼睛大張的名人：小倉優子／橋本環奈／安達佑實／新田真劍佑
眼睛細小的名人：安東尼奧・豬木／笑福亭鶴瓶／高橋克典／みやぞん（Miyazon）

太陽穴呈一直線的名人：蒼井優／小泉進次郎／伊藤正幸
太陽穴凹陷的名人：木村多江／財前直見／東貴博

看得見鼻孔的名人：小倉智昭／市川實日子／矢澤永吉／堀江貴文
看不見鼻孔的名人：草野仁／小島奈津子／瀧川克莉絲汀／和田現子

鼻梁傾斜的名人：波瑠／宮崎葵／向井理
鼻梁沒傾斜的名人：竹內結子／城島茂／葵若菜

從正面看得到耳朵的名人：佐藤藍子／劇團一人／渡哲也
從正面看不到耳朵的名人：峰龍太／葛茲石鬆／三村勝和

肌肉豐腴的名人：出川哲朗／鈴木京香／有村架純
肌肉薄少的名人：小泉純一郎／一朗／中村俊輔

唇薄的名人：藤原龍也／前澤友作／比爾・蓋茲
唇厚的名人：田中圭／藤田妮可／平子理沙

額頭傾斜的名人：平井堅／市穿海老藏／塔摩利
額頭挺立的名人：筱原涼子／岡村隆史／又吉直樹
額頭豐滿的名人：山本美月／宮澤理惠／仲代達矢

下巴平坦的名人：阿部寬／錦戶亮／星野源
下巴細瘦的名人：觀月亞理莎／筱原友惠／平野紫耀（King & Prince）
下巴突出的名人：有田哲平／桐谷健太／山田優
下巴內縮的名人：千葉雄大／武井咲／板野友美

顴骨高的名人：片桐入／丸山桂里奈／筱原信一
顴骨不高的名人：久本雅美／DAIGO／小田切讓

思考區的名人：安室奈美惠／鄉廣美／中田英壽／小泉今日子／藤井聰太
情感區的名人：北野武／松隆子／綾小路君麻呂／貴乃花／大谷翔平
活動區的名人：今井美樹／香取慎吾／竹山隆範／小靜／橫澤夏子

膨脹型名人：孫正義／卡洛斯・戈恩（Carlos Ghosn）／光浦靖子／有働由美子／武田信玄
縮小型名人：柳井正／永守重信（日本電產）／玉木宏／黑木華／織田信長

應對型名人：茱莉亞・羅勃茲／森泉／瀧澤凱倫
集中型名人：三木谷浩史／有吉弘行／山田孝之

Note

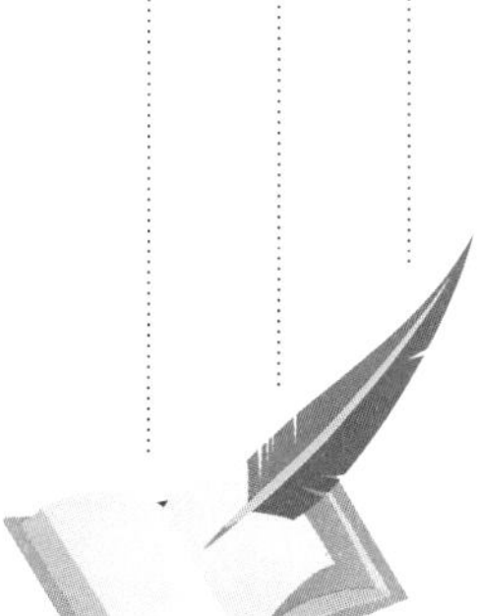

國家圖書館出版品預行編目(CIP)資料

相貌心理學：突破識人盲點,解決人際關係所有煩惱/佐藤布忠貴子作；楊鈺儀譯. -- 初版. -- 新北市：世茂出版有限公司, 2021.11
面； 公分. --（心靈叢書；1）
ISBN 978-986-5408-65-7（平裝）

1.性格 2.臉 3.人格心理學

173.7　　110013955

心靈叢書 1

相貌心理學：
突破識人盲點，解決人際關係所有煩惱

作　　者／佐藤布忠貴子
譯　　者／楊鈺儀
總　　編／簡玉芬
責任編輯／陳怡君
封面設計／林芷伊
出 版 者／世茂出版有限公司
地　　址／（231）新北市新店區民生路 19 號 5 樓
電　　話／（02）2218-3277
傳　　真／（02）2218-3239（訂書專線）
劃撥帳號／ 19911841
戶　　名／世茂出版有限公司　單次郵購總金額未滿 500 元（含），請加 60 元掛號費
酷 書 網／ www.coolbooks.com.tw
排版製版／辰皓國際出版製作有限公司
印　　刷／傳興彩色印刷有限公司
初版一刷／ 2021 年 11 月

I S B N ／ 978-986-5408-65-7
定　　價／ 320 元

Original Japanese title: HITO WA KAO O MIREBA 99% WAKARU
Copyright © 2020 Sato Bouzon Takako,
Illustration © Kairi Mori
Original Japanese edition published by KAWADE SHOBO SHINSHA Ltd. Publishers
Traditional Chinese translation rights arranged with KAWADE SHOBO SHINSHA Ltd. Publishers
through The English Agency (Japan) Ltd. and AMANN CO., LTD., Taipei

世茂出版有限公司
世潮出版有限公司
智富出版有限公司

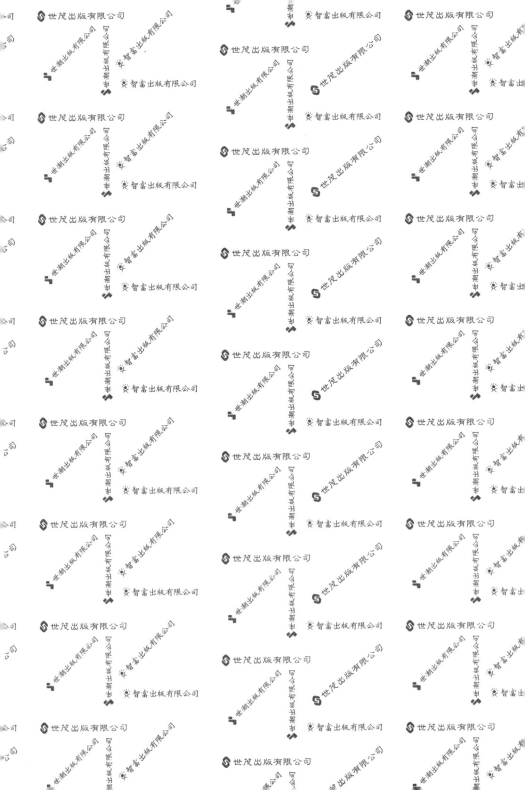